「共に生きる」をデザインする
グローバル教育
教材と活用ハンドブック

推薦のことば

目白大学人間学部長　教授
日本学校教育学会会長　　多田孝志

　本著は、グローバル時代の市民育成を視野に、その具現化のための方途を示した待望の書である。

　グローバル教育の目的は、多様な他者と共存（Co-Existing）する社会において、さまざまな知見や感覚を統合し、そこから新たな知恵や価値の発見を共創でき、また地域や地球社会の問題の解決に向け、当事者意識をもち行動する市民（Active Citizen）を育成することにあろう。グローバル化の急速な進行は、多様な他者と共に生きる（Living together）ための資質・能力の育成や技能の習得を、教育の緊要にして現実的な課題としている。

　グローバル時代に生きる市民としての資質・能力を啓培し、技能を高める視点から本書の内容を集約すると、さまざまな記述の基層に下記のねらいが見てとれる。

- 未来指向性と参加、協働を通しての多様な関係性の構築力の育成
- 国内外の民族的・文化的多様性を尊重し、多様性こそ発展の要因であることを認識する。さらには、多様な文化間の葛藤や対立をむしろ生かし、新たな知恵や解決策を共創していける、平和的共存に向けての受容的態度と具体的な技能の育成
- 地球的規模での政治的・経済的・社会的・文化的な相互依存関係を、さまざまな事象を知ることを通して実感として認識すること。
- 人権、環境、平和、開発等の地球的課題の理解と、地球システムの一員として課題の解決に向けて主体的に行動する力の育成。
- 問題や現象の背景理解、多面的かつ総合的なものの見方を重視したシステムズ・シンキング（systems thinking）、批判力を重視したクリティカル・シンキング（critical thinking）、データや情報を分析する能力、共創型コミュニケーション能力などの育成。

　本著の特色は、上記のねらいを具現化するための学習方法の改革の提唱にもある。特記すべきは、専門的知見を深める学習から、さまざまな知を結び、その結び目から新たな視座や領域を生み出す「統合的な知」の育成を目指した協同学習の推進であろう。それは、関係（レ

リバレンス）を重視し、参加・協働・共創の原理を追求する学習であり、多様な出合いを重視する異種混交学習である。さらには、対立、混沌、困難さなどをむしろ生かし、新たな知恵や価値を創発する学習、予定調和的な学習のみでなく、予測できない課題を解明する学習であり、多様な体験や異見に啓発され、自己変革し、自己成長していける学習でもある。こうした学習の展開によってこそ、グローバル時代の市民として必要な資質・能力を育み、技能を習得させていくことができる。

21世紀の市民育成のための学習方法については、国立教育政策研究所の「学校における持続可能な発展のための教育（ESD）に関する研究」プロジェクトの提言が注目される。平成22年9月の中間報告書によれば、ESDの視点に立った学習指導で重視する能力と態度として、①批判的に思考・判断する力、②未来像を予測して計画を立てる力、③多面的，総合的に考える力、④コミュニケーションを行う力、⑤他者と協力する態度、⑥つながりを尊重する態度、⑦責任を重んじる態度、が示されている。本著で紹介された事例の随所に、この7つの視点が活用されている。

アルビン・トフラーは、「教育改革はいつでも社会情勢より遅れる。変化の時代の教育のもつ重要性を鑑み、臨場感をもち未来社会を見通した教育を推進する必要がある」と指摘し、企業・時速100キロ、社会団体・時速90キロに対し、教育制度の改革のスピードは時速10キロであると記している（『富の未来』2006）。確かに教育の歴史を概観すれば、教育は政治・経済等の影響下にその方向を決められる「遅い」改革の傾向があったといえよう。しかし、地球的課題の顕在化、混乱と分断の世界の現実を直視するとき、教育に携わる者は、「未来をつくる創造的営み」としての教育の使命を再確認し、希望ある地球社会・生命系の担い手を育成するための教育の開拓に果敢に取り組むべき時期を迎えたといえる。

本書の各章・項には、21世紀のグローバル時代の市民育成に向けての先駆者としての意気込みが感得できる実践が紹介されている。本書をグローバル教育の研究・実践者のみでなく、地球社会・地球生命系の未来に関心をもつ多くの人々が読むべき必読書として推薦する。

まえがき

「共に生きる力をデザインする」本書出版の意図

NPO法人全国国際教育協会　理事長　矢田部正照

現在、政治・外交・産業・経済・文化・教育などの課題として、日本は世界の中で何ができるのか真剣に議論し、多面的に取り組むことがより一層求められています。

自国の歴史と文化の伝統を学ぶとともに、客観的な世界認識を持つことが、ひいては過信と自虐とを排することにつながるでしょう。その上で、これからの日本を背負い、世界に貢献する若い日本人を育てるためにも、今後、ますます「グローバル教育」に関する方策や情報提供、教材開発等が必要とされます。

戦争や貧困、人権や差別、環境や資源・エネルギーなど様々な問題があります。今、「グローバル教育」に期待されていることは、日本の若い世代が、現状を知るばかりでなく、現場感覚を身につけ自分にできることを実行していけるよう、そのための情報や手助けを提供することと言えるでしょう。

今日、地球規模・人類規模で考え、行動することを目指す「グローバル教育」の重要性が、ますます高まっております。自然と人間の関係はどうあるべきかなど、問題によっては急を要する事象もあります。

「グローバル教育」は、自分とまったく違った価値観を持つ人たちと、ともに違いを認識しつつ相手を尊重しコミュニケーションを深め、問題を解決できる人間を育てることであると考えられます。

「グローバル教育」によって育てられるものは、「共に生きる力」であります。のみならず、多様な価値観を知ることで「コミュニケーション力」を養い、困難な状況にあっては、「協力して立ち向かう」協働の精神も育つでしょう。

我が国に比してはるかに厳しい日常生活を過ごしている開発途上国の子どもたちの逞しさを見聞するにつけ、なぜ、日本の若者たちは内向きなのか、疑問が持たれます。この内向的な日本の若者たちを変えていくことは、難しくもありますが不可能ではありません。「グローバル教育」も、その一方策であります。

いつまでも続く不況や、わが国を揺るがす大災害となった東日本大震災でありますが、グローバル的な視野からみると、日本はまだまだ豊かな資産を保有している国であります。視野を広げ世界を知ることで、誰もが「共に生きる力」をデザインして自分の生きる道を開いていけるものと思われます。そうした希望を持って本書を出版いたしました。

●

　本書の第1部〈参加型学習の考え方と手法〉では、「コミュニケーション力」を高めるための参加型ワークショップの理論と手法が紹介されています。グローバル教育を初めて取り上げる先生方にとっても、生徒とともに参加し、考えながら授業が進められるように編集いたしました。生徒たちも、参加型学習を体験しながら、新しい価値観を学びつつ成長していけると考えます。

　第2部〈授業実践例と教材〉は、各分野の専門家たちによる実践や経験に基づいて、リアリティーを重視した教材となるように編集いたしました。教材として用いるために必要な情報は、すべて本書の中に盛り込み、更に、資料として配布できるようコピーも可能としました。図表、写真等は、付録の「CD-R」にも収録されており、使用が可能です。

　なお、「グローバル教育」は、学校教育の中では「教科」として位置付けられていません。そのため、教材として取り上げるには難しいところもありますが、本書では、「総合的な学習の時間」でも「ホームルーム」や「奉仕」「道徳」、さらに、文科系、理科系の教科の中でも使える題材をも取り上げています。また、学校教育にとらわれず、「開発組織」やNPOの「ワークショップ」でも使用できるテーマやヒントを組み込み、「グローバル教育」の手法等を指し示す書として刊行いたしました。

　本書が、一人でも多くの「グローバル人材」を育成する一助となることを願っています。

（注）グローバル教育について
本書では、国際教育、国際理解教育、開発教育、環境教育、平和教育、持続可能な開発（発展）のための教育など、国際分野の教育活動を包含する概念として、総称的にグローバル教育と呼称しています。

INDEX

2
推薦のことば

4
まえがき

第1部〈 参加型学習の考え方と手法 〉

8
地球社会の課題と
参加型学習
赤石和則

11
参加型学習手法紹介
赤石和則

28
グローバル社会を考える
コンテストの活用
斉藤宏

34
JICA
グローバル教育コンクール

36
JICE
JENESYSプログラム

第2部〈 授業実践例と教材 〉

39
1 異文化との出会い
−異文化から考えるアイデンティティ−
髙田幸治

45
2 文化の変容
−ことばと食から見る文化の変化−
幸田雅夫

51
3 知ろう、知らせよう日本の
不思議・魅力 −日本の文化−
諸岡英明

57
4 豊かさの基準
−地球規模で考える在り方・生き方−
幸田雅夫

63
5 世界的な問題 と 私
−カードを使って世界の問題と解決策を考える−
菊地格夫

69
6 食料自給率の背景と世界の関係
−ヨルダンの砂漠や死海の海水が
日本の作物を育てている−
斉藤宏

75
7 世界の海洋環境
−サンゴのモニタリングから考える−
斉藤宏

81
8 世界との共生
−がんばろう日本　世界は日本と共にある−
斉藤宏

87
9 支援者と被支援者の生活
−日本のコンビニ　被支援者の子どもたち−
冨田直樹

91
10 世界の教育の現状と
私たちにできること
−世界一大きな授業−
城谷尚子

94
あとがき

地球社会の課題と参加型学習
地球社会の課題に対する参加型学習による問題解決能力の開発法

Ⅰ. 地球社会の課題（グローバル・イシュー）

　21世紀に入って国際連合、(UN)は世界的な問題の解決に向けた「ミレニアム開発目標（MDGs）」を設定しました。この中では、貧困・飢餓の削減、初等教育の完全普及、女性の地位向上、乳幼児死亡率の削減、HIV/エイズ等感染症の蔓延防止、環境問題全般への対応などが謳われています。その他にも紛争・対立や戦争、エネルギーと原発問題、グローバル化に伴う経済の一極集中や地域固有文化の衰退など、私たちが暮らす現代の世界は、地球規模にわたる多くの課題を抱えています。

　こうした世界的な問題は、地球社会の課題（グローバル・イシュー）と呼ばれます。これらは遠い世界の出来事のように思いがちですが、決してそうではありません。私たちの身近な日常生活や、時には私たちの人生そのものにも大きく関係しています。例えばエネルギー・原子力発電、食料、温暖化をめぐる問題をとってみても、これらは世界的な問題であると同時に、今まさに私たち自身の生活を直接左右する緊急問題であることは明らかです。

Ⅱ. グローバル教育と参加型学習

　このような世界的な問題を学ぶ機会を提供する教育活動が、グローバル教育です。グローバル教育が直接テーマとする分野は、確かに地球社会の課題ではありますが、ただ遠い世界の問題に関する知識を得ることだけではありません。グローバル教育は、次のような内容を含みます。第1に、地球社会の課題をテーマとしながら、私たちの身近な日常生活のあり方に関連させた教育学習であることです。第2に、異なった価値観や文化・言語を持つ人々への共感とコミュニケーション、「違い」を受け入れる寛容性といった態度変容につながる教育学習であることです。いわば「他者」と比べることで、自分自身のアイデンティティを確立していくことも、グローバル教育の重要な柱となります。そして第3に、個人が参加できる国際協力といった、より実践的な志向を促進する教育学習であることです。

　グローバル教育の内容は、知識学習というよりも、むしろ態度・行動学習であると言えます。学ぶ側にどのような態度・行動を求めるのか。少なくとも解決の方向を示すことの難しいテーマが山積する世界的な問題について、学ぶ側に態度・行動を強制しても教育の効果は継続しません。

　そこで、実践行動に結びつく教育活動をより効果的かつ継続的にするために、学習者の主体的学びを促進する「参加型学習」の教育手法が極めて重要となります。学ぶ側が自らの意思で長続きのする態度・行動を作りあげることこそが、グローバル教育の究極の目的です。ここでいう参加型学習とは、学習者同士が互いの考えを述べ合ったり、全体で発表したりすることだけではなく、教師と学習者との相互の対話活動も含みます。

　いわばグローバル教育は、教育内容においても、また教育手法においても、教育の創造的側面を担うものであるといえます。その点、いわゆる読み・書き・計算といった伝統的側面を担う教育とは別の役割を持つものです。グローバル教育を通じて、学習者の潜在的な思考・能力が新たに引き出され、自分自身の生き方に希望を持ち、自信を持つようになったケースがよく報告されています。

Ⅲ. 参加型学習におけるファシリテーターの重要性

参加型学習は、極めて効果的な教育手法のひとつです。教育手法をめぐる考え方は、古来多くの教育学者や哲学者たちによって提唱されてきました。参加型学習は、その中でも「子ども（学習者）中心の教育」と同じ考え方に立つものです。参加型学習を通して、学習者の自由な思考を促し、同時に学習者間の集団としての相互学習作用を促進する役割を持つ人がファシリテーターです。ファシリテーターとは、もともとは「容易にする人」「円滑にする人」という意味です。ファシリテーターは、通常全体を通して教師が務めますが、ときには学習者自身が担うこともあります。ファシリテーターの大きな役割は、学習集団の活発な参加型学習を支援し、中立的な立場で集団のチームワークを引き出し、最大限の成果を上げることです。

ファシリテーターが留意することは、様々な参加型学習の手法を熟知し、目的や学習内容によって、もっとも効果的な手法を組み合わせていく点です。

Ⅳ. 参加型学習の主な教育手法

参加型学習を容易にするために、様々な教育手法が日本でも紹介されるようになりました。こうした手法は、もともとは欧米のYMCAなどの青少年団体がグループ活動をスムーズに行うために編み出したものだといわれています。日本でも同様の団体が率先して導入し、その後新しい独自の手法も考案されるなど、教育活動に携わる人々によって改善されてきました。

■ 導入、アイスブレーキングなどでよく使われる手法

部屋の四隅 (P.12)　自己紹介シート (P.11)　ラインナップ　クイズ (P.13)　など

■ あるテーマについてグループ作業（ワークショップ、ディスカッションなど）でよく使われる手法

討議・作業の手法

ブレーンストーミング (P.15)　ランキング (P.17)　ワールドカフェ (P.19)　ウェビング (P.18)　プランニング (P.25)　など

まとめの手法

親和図法（グルーピング）(P.16)　ファシリテーション・グラフィック (FG) (P.23)　など

全体でのテーマの共有・発表の手法

シミュレーション (P.21)　ロールプレイ (P.22)　ディベート (P.20)　フォトランゲージ (P.14)　ゲーム　タイムライン (P.24)　など

■ 実際に現場に触れながらテーマを追究する手法

アクションリサーチ (P.26)　スタディツアー　ワークキャンプ　など

V. 教材（学習プログラム・授業案）の基本構成と内容

参加型学習は、ワークショップ（共同作業）の形態をとります。ワークショップによる教材（学習プログラム・授業案）を作成するには、次の構成を考えていくとよいでしょう。

(1) 基本構成

❶「つかみ」導入部分 アイスブレーキングやクイズなどでテーマにつながる導入を工夫。
❷「本体」 アクティビティ（学習プログラム）を2～3用意。参加者の関心を引き出すもの、関心の幅を広げる（拡散）もの、テーマについて結論を求めていくもの（収束）などの内容。
❸「まとめ」 内容面の振り返りと、ファシリテーターの進め方についての振り返りがある。参加者全員での共有が大切。またこの段階で、何を学んでほしかったのかを明らかにするために、資料配付、解説、質疑応答などを行うと学習者が納得する。

(2) 教材作成のプロセス

グローバル教育の内容（テーマ）は、限りなく存在します。しかし、そうした内容（テーマ）についていきなり知識理解や暗記の学習形態にしては、学習者の主体的な学びや思考を促進することには至りません。そこで、これまで述べてきたような教育手法との上手な組み合わせが求められます。すなわち、内容（テーマ）と手法の組み合わせです。教材作成のプロセスは次の通りです。

● 内容（テーマ）の決定
　↓
● 目的の明確化（何を伝えたいのか、何を学んでもらいたいのか）
　↓
● 素材・資料集め、分析
　↓
● 教材化（対象、人数等への配慮が重要）
　　●学習プログラム（アクティビティ）に盛り込む内容の細分化と、それらを学ぶための手法の選択
　　●解説資料に盛り込む内容の整理

（赤石和則）

1. 自己紹介シート
～ 短時間でお互いを知る ～

　アイスブレーキングとして利用する手法。初めて会った人たちがグループを形成している場合に有効とされる。
　大人数で行うより、グループ分けした後に行うことが多い。慣れているクラスで行うよりも、初対面や、いつもとは違うグループ分けである場面において、短時間で知り合うことを目的とした手法。
　自己紹介の時間は1分～3分以内で行い、あまり時間をかけない。
　あくまでも今後のグループ活動を活性化するための導入として使うことが多い。

【進め方】　紙、マジック（黄色、オレンジなどの見えにくい色は避ける）を用意。

❶ 紙を四つに折り、指定された場所にファシリテーター（進行役）から質問された答えを記入してもらいます。
　例えば、a）ニックネーム（この時間内に呼ばれたい名前）　b）今日の朝食　c）将来の夢　d）今の気持ちを一言、など

❷ グループごとに、記入した紙を見せながら自己紹介してもらいます。
　自己紹介の時間は、ひとり1分～3分。人数を見てファシリテーターが判断します。
　自己紹介する順番は、ファシリテーター（進行役）が指定します。

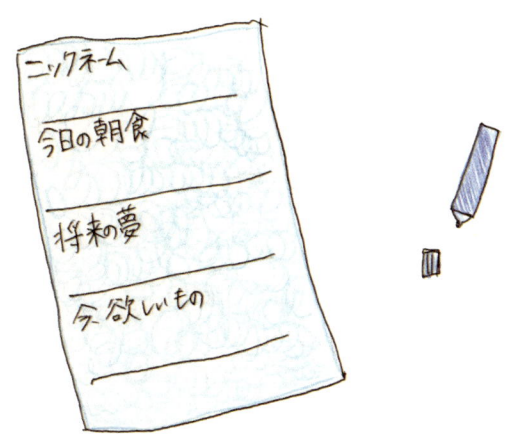

［この点に気を付けよう］
紙の折り方は多種多様です。参加者が書きやすく、発表しやすい折り方を工夫するとよいでしょう。

2. 部屋の四隅
～ 認め合う ～

　ある質問に対して「はい」「いいえ」「どちらとも言えない」「わからない」などの選択肢を紙に書き部屋の四隅に貼っておき、ある質問に対して自分の意見に近い選択肢を選んで移動してもらう。最終的には、他者の考え方を知り理解し、少しでも受容できるように進めていく。

【進め方】　教室などのスペース、質問と選択肢、紙を用意し、グループ分けは必要なく、全員に質問を投げかける。

❶ あらかじめ質問についての回答の選択肢を紙に書き、教室の四隅に張っておきます。

❷ 今から質問をするので、自分の考えと近い選択肢のところへ移動してくださいと説明します。

❸ 用意した質問を投げかけ、選択肢の中から自分の意見に近いものを選んでもらいます。
「はい」「いいえ」「どちらとも言えない」「わからない」や「賛成」「反対」「どちらかといえば賛成」「どちらかといえば反対」や「賛成」「反対」「どちらとも言えない」の3択肢でも代用できます。

❹ 掛け声（「はい、移動してください。」など）で自分の意見に近い選択肢の場所（四隅）に移動してもらいます。移動することにより、自分と同じ意見、違う意見の人がどのくらいいるのか見た目でわかります。

❺ 移動後に、「なぜそう思ったのか？」などの意見を聞きます。
　2～3人の意見を聞きます。時間がある場合は、もう少し多い人数の意見を聞きます。

❻ 次の質問をし、自分の考えに近いところに移動してもらいます。
　何度か繰り返し、最後に全体の感想を話し合ってもらいます。

　自分の意見と全く同じものもあれば、意見が違っていても同意できることなどの気づきを大切にし、少しでも認め合うことができるように進めます。
　人権学習へと展開していくこともできます。

※本書44ページ参照

3. クイズ
～ 関心を引き付ける ～

アイスブレーキングとして行うことが多い。カードゲーム、体を使ったゲーム、道具を使ったゲームなど様々な形体と種類がある。

【進め方】クイズの場合はクイズと答え（3選択肢）、カードゲームの場合はカードを用意。

クイズは、あらかじめ用意しておきます。直接答えさせると解答が出てこない場合もあるため3択程度の解答を用意しておいた方がスムーズ。

解答方法は様々ですが、その場で挙手させる方法や解答用紙に①～③の選択肢を書かせる方法もあります。また、選択肢で解答させた後「この国は、どこでしょう？」等と直接、国名を答えさせる方法もあります。質問は、口頭ですることもできますが、関連する写真や物などを用意することで視覚に訴えるものがあった方がより面白く効果的でしょう。

例えば、「輸入」を理解させるために国産の商品と輸入の商品を用意し、「国産か？輸入か？」を選択させた後、「どこの国から来ているか？」等と答えさせるとよいでしょう。

カードゲームはカードがあれば簡単に行うことができます。

【例】トランプマップ（トランプカード1枚に国名、面積、人口、首都、出生時平均余命、成人識字率、GDP額、HDI順位が記入されている）

❶ ひとり1枚トランプカードを配布します。
❷ HDI（人間開発指数／ Human Development Index）の順位の低い順から一列に並んでもらいます。
（この時、国名は言わず順位だけをジェスチャーでやり取りすると更に盛り上がる）
❸ 順位の高い順から国名を言います。
❹ 気づいたことや気になったこと等を発表してもらいます。

意見が出ない場合は、トランプの裏の色ごとにグループを4つに分け、気づいたことをグループごとに話してもらいます。

トランプ・マップ ダウンロード先：Apic 国際協力・国際貢献ナビ
「国際協力・国際理解を進める先生のページ」http://www.apic.or.jp/teacher/e-guide/index.html

4. フォトランゲージ
〜 写真から見える 〜

1枚の写真から、その写真は何をしているのか？どこの国なのか？写真の人は何を考えているのだろうか？ 日本（自分）との違いは何か？など感じ取れるものや気づきを起点として、関心や理解を深める。

【進め方】 写真を用意。

❶ 5〜6人のグループに分けます。
❷ 写真を見せ質問します。
　例：「子供たちは何をしているでしょう？」
❸ グループごとに考えてもらいます。
❹ グループごとに発表してもらいます。
　例：「宝探し」「ただ平野で遊んでいる」「畑仕事」「地雷を探している」
❺ 答えを教えます。
　例：「カンボジアでの地雷爆破処理後に鉄くずを拾う子供たち」です。（そう言うと、生徒達の目は真剣な眼差しに一気に変わりました）
　その後、カンボジアと地雷について説明を行い、授業を展開します。

関連HP：外務省「探検しよう！みんなの地球」
http://www.mofa.go.jp/mofaj/gaiko/oda/sanka/kyouiku/kaihatsu/chikyu/index.html

※本書90ページ参照

5. ブレーンストーミング
～ グループで自由に意見を出し合う ～

　教師（進行者）が、あるテーマを出して、生徒（学習者）にまずは自由に意見を出し合ってもらいたい時の手法。その後グループごとの見解や提案などにつなげていくための導入的な手法として極めて有効な方法のひとつ。グループごとにワークショップを行ってもらう場合、前半の場面で参加者たちが、まずは自由に意見を出し合う場合に活用。

【進め方】最初に、グループ分けをします。そのグループの雰囲気や個々人の習熟度によって、次のどちらかの方法で作業をスタートさせます。

(A) まだいきなり意見が出し合える雰囲気ではない場合

❶ 一人一人に付箋を渡して、「一枚に一意見記入」を徹底させながら、個別に何枚か記入してもらいます。

❷ 次にそれぞれ記入したものを発表してもらいながら、大きな模造紙などに貼り付けていきます。その際、共通の意見をまとめて近くに貼っていきます。

(B) グループの雰囲気もよく、どんどん意見が出るような場合

❶ いきなり意見を出し合ってもらいます。

❷ 次に、それらの意見を模造紙などに書き込んでいきます。最初から自然体で意見を出し合っていくやり方です。

(A)(B)いずれの方法でも、進行役が大変重要になります。こうした進行役はファシリテーターと呼ばれています。

❸ 意見が出揃ったら、ファシリテーターは相互の意見交換をリードし、グループとしての見解をまとめていきます。その際、ひとつの見解にまとめる必要はなく、いくつかの見解を並列することもあります。

❹ 最後にそれらをみんなの前で発表して、一連のブレーンストーミングは終了です。

【この点に気を付けよう】
　ブレーンストーミングには気をつけなければならない点があります。
　自由にたくさんの意見を出してもらうことが目的です。ファシリテーターや参加者が、自分と異なる意見をさえぎったり、逆に賛成する意見だけを誘導的に引き出したりする手法ではありません。そのため、仮に自分と意見が違っても批判をする前に、まずは聞いてみるという傾聴の姿勢が重要になります。一方で、異なる意見をただ並立的に羅列するのではなく、少し踏み込んで、共通点を出し合ったり、統合して新しい見解をまとめたりすることは、議論を深めることになります。

6. 親和図法
~ 情報整理をする ~

漠然としたアイディアや情報からボトムアップ思考で情報の統合をして、全体像へと導いたり新しい発想に導いたりする際に有効な手法。意味や性質が似ている情報を整理して集約することで、一見統一感がないような情報でも類似点を探し出すことが可能となる。

【進め方】　付箋、模造紙、マジックを用意。

❶ 5～6人のグループに分かれてもらいます。

❷ テーマを決めます。何についてのアイディア出しや情報収集であるのかを明確にしてからスタートします。

❸ 各自、目安として2枚ずつ付箋に書き出してもらいます。この際ルールとして、1枚の付箋に1つのアイディアや情報を書き込むようにしてもらいます。

❹ 各自が書いたものを出し合い、類似しているものを近くに並べ小グループ化し、その小グループにふさわしいタイトルを考えてもらいます。

❺ 各小グループのタイトルについて③の作業を行い、小グループに肉付けをしてもらいます。この際、小グループ同士の関連に気づくと、更に中グループができる場合もあります。

❻ ③～⑤を繰り返し、各小グループの付箋の枚数が4～5枚になったら終了します。

❼ ⑥を図解化します。

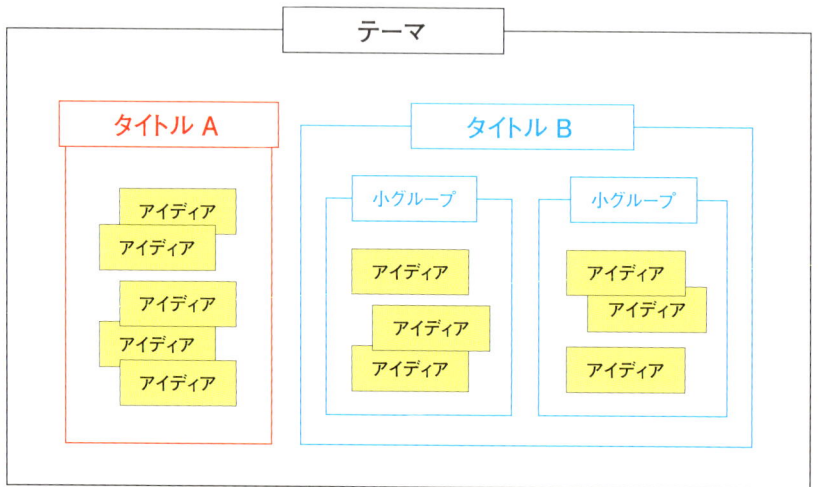

※本書56ページ参照

7. ランキング
～ 重要順に並べてみる ～

グループディスカッションなどで出された考え（意見）を、9～10項目程度に絞り込み、それらを重要だと思う順番に並べていく手法。このプロセスの中で、各人の考え（意見）が明確になり、さらにディスカッションが促進される。また、最終的に重要順に並べるために、グループとしての考えの共有化にもつながる。

【進め方】
この手法のスタート時点では、次の2通りがあります。

(A) あるテーマについて、既存の選択項目を提示する方法

　学習者は、与えられた項目に沿ってディスカッションを進めて、順番を決定します。その際、あらかじめ項目が書かれたカードをファシリテーターが準備しておくとスムーズに進みます。

(B) あるテーマについて、グループのメンバー各人で必要な選択項目を作りあげていく方法

　この方法は、事前の資料準備、丁寧なディスカッションが求められるなど、難しいプロセスが要求されますが、その分、参加者たちで作りあげた項目のため、満足感が大きくなります。最初は、参加者各人が選択項目を考え、その後、発表し合う方法が効果的です。
　ランキングのまとめ方には、ダイヤモンドランキングとピラミッドランキングがあります。

【この点に気を付けよう】
　順位付けの結果にこだわるあまり、グループでのディスカッションが対立することがあります。自分の考えを堂々と発表することは重要ですが、相手を説得するためには十分な根拠を示すことが大切です。また逆に、自分とは異なった意見についても丁寧に聞く姿勢も求められます。

※本書62ページ参照

8. ウェビング（Webbing）
～ クモの巣状に広がる・つながる ～

あるテーマについて、関連する考えやアイディアを広く引き出したい時に有効。クモの巣のようにつながりながら広がっていくことをイメージして取り組む。個々人の知識・経験や関心に基づき、そこから派生、関連するものをクモの巣状に図式化する。図式化することで、課題を発見し解決策を生み出していく手法。

【進め方】

❶ テーマを決めて、模造紙の中央に書き出します。
　テーマは、単語や疑問・質問を一言で表現できるものが良いでしょう。

❷ テーマに関連するもの、連想するものを線でつないで広げていきます。

❸ 模造紙全体にクモの巣が広がったら書き込みを終了し、全体を見てそのテーマが抱えている問題、および解決策を整理します。

このように、クモの巣状に派生していきます。

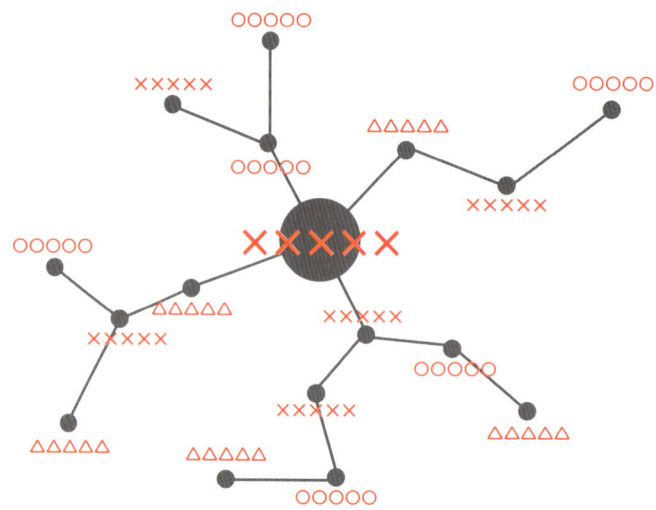

【この点に気を付けよう】
　作業は一人でもできますが、より多くの意見を集めるためには5～6人のグループで取り組むとよいでしょう。その際、一枚の模造紙に直接書き入れていく方法と、付箋を使って張り付けていく方法があります。慣れるまで、模造紙に下書きをするよりも、アイディアの移動がしやすいので付箋を使うとよいでしょう。

9. ワールドカフェ
〜 簡単により多くの意見に出会う 〜

　数十人から数百人の大人数で意見交換を行いたい時に有効な手法。いきなり大人数で意見交換をすると、大人数の前で発言できる個人の意見しか引き出せない可能性がある。そのような状況が考えられる場合にふさわしい手法。少人数のリラックスした雰囲気の中で、自由な対話をし、時々他のグループのメンバーとシャッフルしながら、より多くの意見を共有していく。

【進め方】

❶ 5〜6名のグループに分けます。ひとつのテーブルを囲むように座るのが理想です。中央に模造紙を置きます。

❷ 全てのグループに統一したテーマにそって、自由に意見交換をしてもらいます。その際、各自が模造紙に意見を記入していきます。

❸ 決められた時間(5〜20分)後、各グループから一人を残して、それ以外の人はばらばらに次のグループのテーブルに移動します。テーブルに残った人は、他のグループから来た人にこれまでの話し合いの内容を簡単に伝えます。新しいメンバーは、これまで自分がいたグループの意見を参考にして、すでに模造紙に書かれた意見に追加するように新たな意見を書き込みます。

❹ ③を2〜3ラウンド繰り返します。テーブルに残る人はラウンド毎に決めます。

❺ 最終ラウンドで、最初のグループに戻ります。

❻ 他のグループで得た情報や気づき、さらにそこから出た新しい考えなどを話し、共有してもらいます。

【この点に気を付けよう】
　この手法の目的は、より多くの意見に出会うことです。無理に意見やアイディアをまとめようとすると、多くの意見に出会ったことが台無しになる場合があります。まとめが必要な場合は、ファシリテーターが各テーブルの模造紙から全体の共通事項などを拾い上げるとよいでしょう。

※本書74ページ参照

10. ディベート
～ 異なる考え方をたたかわせる ～

　2つの異なる考え方が存在する場合、どちらかの立場になりきって、相手を論理的に打ち負かす手法。グローバル教育で扱うテーマは、必ずしもAかBかと完全に割り切れない場合も多く、この手法を活用する場合には、ある程度の割り切りが必要である。

【進め方】

❶ 異なる意見が存在する課題について、参加者をどちらかの立場に二分します。

❷ それぞれの立場に立つ参加者には、資料や情報を事前に調べたり、その場で読み込むなどして、各自の立場（意見）について十分に理解してもらいます。

❸ それぞれが交互に立場（意見）を主張し、また反論を繰り返し、最後は審判の係（グループメンバー）が勝敗を決定します。

【この点に気を付けよう】
　ここでいうディベートは、いわゆる教育ディベートと呼ばれるもので、議論の組み立て、相手とのやりとりの手法を学ぶことが目的です。あくまでも論理的な思考を身につけることが目的の手法ではありますが、同時にグローバル教育では直面する世界的な課題について、何が対立点なのかを明確にしたい場合に大変有効な手法であるといえます。
　議論で重要なことは、発言者の人格を傷つけることなく、あくまでも意見についての反論を行うこと、双方の発言時間を平等に保証することなどであり、ディベート一般のルールを事前によく学んでから臨むことも大切です。

※本書80ページ参照

11. シミュレーション
〜 実際の出来事を疑似体験する 〜

ある現実の出来事や事実を疑似体験する手法。自分ならどうするかについて、より現実に即して考えることができる。その現実や事実関係が複雑であればあるほど、シミュレーションは大きな効果を上げる。

【進め方】

❶ あるテーマについて、現実の世界を単純化した学習プログラム（教材）を活用します。もし既存の良い教材がない場合には、新しく作成します。いずれにしても、手もとに事実に基づいた資料があることが大切で、入念に用意します。

❷ その上で、参加者に様々な作業（疑似体験）をしてもらいます。

❸ 疑似体験の感想や気がついた重要点を小グループで話し合ったり、みんなの前で発表したりしてもらいます。

❹ 最後に、資料などを提示して、現実の課題を共有します。

【この点に気を付けよう】

シミュレーション教材を作り、また実際に学習を進めるプロセスは、とても楽しいものです。もちろん決して簡単にできるわけではありませんが、現実の世界がリアルであるからこそ、単純化してもなお説得力のあるものとなる可能性があります。有名なシミュレーション教材としては「世界がもし100人の村だったら」「貿易ゲーム」などがあります。

しかし、ファシリテーターはシミュレーションの落とし穴に十分留意しなければなりません。つまり、現実は単純ではないということです。様々な要因が重なり合って現実が動いています。その複雑な実態に入り込み、自らの行動（アクション）を考えていくための導入であるという姿勢を忘れなければ、シミュレーションは大きな効果を上げるでしょう。

12. ロールプレイ
～ 実際にある世界を想定し役割を演じる ～

ある実際の例をもとに、その当事者たちごとの役割を演じきる手法。役に成りきることで、より臨場感をもって現実世界を仮想体験する。

【進め方】

❶ グループのメンバーそれぞれに異なった役割（人物）のカードを配ります。カードには、その人物の出生、生活環境、収入、学歴、職業、家族構成などの情報に加え、性格や趣味嗜好的な特徴を加味すると、リアルな人物像が見えてきます。

❷ 学習者はそのカードをよく読み込み、その人物に成りきります。

❸ 次に、ある状況・課題を提示します。そうした状況の中で、それぞれの役割の人物が自らの利益のために主張してもらいます。その際ファシリテーターは、その状況・課題の解決のためにどのような決着になるのか、解決策や妥協案を提示させながら、ディスカッションを促していきます。

❹ 終了後、演じきった役割について、どのような気持ちで演じたのかを発表してもらいます。

【この点に気を付けよう】

シミュレーションと同じ注意が必要です。ロールプレイの方がより臨場感あふれる疑似体験ができますが、それでもやはり現実はもっと複雑であることを認識してこその手法です。できるだけ現実の体験をリアルにするために、様々な役割（賛成派と反対派、推進派と慎重派）を設定すると面白いディスカッションが期待できます。また、恥ずかしがらずに役割を演じきるために、事前にグループ内での融和・意思疎通をスムーズにしていく手立ても必要になります。

13. FG（ファシリテーション・グラフィック）
～ 図や絵で分かりやすく ～

ファシリテーション・グラフィックとは、「議題についてどのように話しているか」参加者の認識を一致させるために、図式化したもののこと。模造紙上にどんなレイアウトで描けるかをグループで考える。

【進め方】 模造紙、付箋、マジックを用意。

❶ グループに分かれてもらいます。
　　人数が多くなると意見が拾えなくなる可能性があるので、多くても6～7人。ファシリテーター（進行役）が各グループに1人いるとスムーズに進めることができます。

❷ 議題を発表し、議題について意見や気づいたことなどを付箋に書き出します。
　　この時、ひとこと・一文で書くことを心がけてもらいます。思いつかない漢字はカタカナで書き、多くの意見や気づいたことなどを書き出してもらいます。

❸ 次に出た意見をグループ分けします。
　　模造紙上に、同じ・似ている意見ごとに付箋を移動します。

❹ 模造紙に議題（タイトル）を書き、矢印や線、絵を使って意見の関連性や反対意見などが分かるように描いてもらいます。
　　パターンは様々ありますが基本図は、「相互関係図」「プロセス図」「階層図」「マトリックス」「フロー型」「サークル型」と呼ぶこともあります。

❺ 最後に、議論のまとめを考えてもらいます。
❻ グループごとに発表してもらいます。

【この点に気を付けよう】
　グループの全員を参加させるために、進行役、書く役、発表役などの役割を必ず全員が担当するように一言つけ加えるとよいでしょう。
　字の書き方、色の使い方、基本図、要約力などが必要となるが、何度かの練習で参加者も習得することができます。

※本書86ページ参照

14. タイムライン
〜 時間を追って 〜

社会の出来事や自分自身の経験を時間軸に沿って表現する。社会との関わりを知り、切り離すことができないことを確認し、過去を振り返ることで現実的に未来を予測する。

【進め方】　時間軸シート、筆記用具を用意。

❶ 互いの意見を聞く時は5～6人のグループになってもらいます。
　但し、時間軸シートの完成までは各自で行うことができます。

❷ 時間軸シートを記入してもらいます。
　ファシリテーター(進行役)は、時間軸ごとに社会の事件を確認していきます。

❸ 未来の時間軸について、発表してもらいます。
　例えば、「キャリアデザイン」の場合には「自分がどんな職業に就きたいか?」について発表します。
　また、「環境」の場合なら、「あと10年後にはどうなっているか」などを発表してもらいます。

15. プランニング
～ 提案書・行動計画を作ってみる ～

　グループディスカッションに有効であるだけでなく、全体でのアイディア共有作業の際にも活用できる手法。様々なプロセスを経て、グループとして意見や計画をまとめる際、何か新しい提案をしたり、実際に行動を促したりするような内容を含む場合に有効。

【進め方】

❶ ブレーンストーミングやウェビングなどの手法を用いて、学習者間での意見交換を十分に行います。

❷ その中から、重要な結論として行動（アクション）計画を作り上げてもらいます。その際「難しいがやってみたいこと」と「実際にやれること」などを区分しながら、実現の可能性についても言及してもらいます。

❸ まとめとして、模造紙などに記入し視覚化してもらいます。

【この点に気を付けよう】
　プランニングしたものを全体の場で発表してもらうことが基本です。それぞれのグループによって異なる計画が出てきた場合には、それらを互いにどのように説得力を持って発表できるかがカギになります。無理にどちらが良いかなどと結論に持ち込まず、提案や行動計画に客観的な根拠があるかどうかを重視します。単なる思い付きではなく、実現の可能性などを話し合えれば、全体での議論の深まりが期待できます。

※本書68ページ参照

16. アクションリサーチ
～ 実際の現場を探求する ～

　実際に現場に行くか、または現場のデータを入手して、現場の特徴や課題をまとめるプロセスを通して、課題の抽出、分析、提言といった総合的な学習を促進する手法。世界的な大きな課題に限らず、自分たちの暮らす地域や関心のある街の課題を取りあげることができれば、より現場を身近に感じることができる手法でもある。

【進め方】

❶ まずグループとして課題（テーマ）の設定をしてもらいます。

❷ 次にその課題についての資料や情報を収集し、グループ内で共有してもらいます。

❸ その結果を踏まえ、実際に現場に行って調査活動を行ってもらいます。現場に行けない場合は、できるだけ現場がよく分かるような映像や写真、資料などを集めてもらいます。

❹ これらのプロセスの中から課題を抽出し、分析し、提言を用意してもらいます。学習者は発表に向けて、模造紙に記入したり、報告書を作成したりしてもらいます。

❺ グループごとに発表を行ってもらいます。

【この点に気を付けよう】
　実際に現場に行くことで、身近な課題をより臨場感を持って捉えられるように工夫することがアクションリサーチ成功のカギです。そのためには、学習者が関心を持ちやすい課題（テーマ）を見つけることが重要です。この課題（テーマ）発見にしっかりと時間を取ること、しかもできるだけ学習者が発見できるようにファシリテーターによる配慮も必要になってくるでしょう。なお海外の現場におけるアクションリサーチは、いわゆるスタディツアーなどと組み合わせて行います。

※本書50ページ参照

グローバル社会を考えるコンテストの活用
グローバル社会を考えるコンテストを活用して、将来の自分探しを実感させる

I.コンテストへの参加が人生の進路を決める力になった

　学校には、様々なコンテストの案内が送られてきます。しかし、決まった担当者がいないコンテストや、適当に回されたコンテストの案内は、机の上に積まれ、生徒の目にすら触れずに期限切れとなり、ゴミ箱行きとなるのです。

　もともと教師の本務ではないので当然と言えば当然のことですが、この現実をコンテスト主催者が知ったらがっかりすることでしょう。しかし、コンテストには、利用の仕方次第で、生徒の可能性を広げ、自信をつけ、場合によっては人生を変えてしまう力があると言っても過言ではありません。人生のスプリングボードになるチャンスを与えることができるかもしれないのです。

　大きなコンテストとなると入賞の確率は極めて低いのですが、スポーツでも、良い選手と良い監督がいてこそ勝ち上がることができるのは自明で、その到達点が高いほど指導力が試されるのです。

　グローバル教育の分野で、歴史のある国際協力機構（JICA）主催の「JICA 国際協力中学生・高校生エッセイコンテスト」と「グローバル教育コンクール」への参加を例にとり、その効果を検証してみましょう。

　特にこのコンテストを推薦する理由として最も大きいことは、入賞者への副賞が開発途上国への研修旅行だという点です。お金や物品ではなく、豊かな日本とは全く正反対の開発途上国の生の生活を見て、現地の人々と交流する体験を中学、高校生の年代で経験できるのです。さらに、この研修旅行では、一般の旅行では訪れることの難しいODAプロジェクトの現場や、青年海外協力隊の活動を視察することができます。交流のみの研修ではなく、プロジェクトサイト視察≒途上国の課題を学ぶことも目的の一つです。

　豊かですが資源のない日本にとって、グローバル社会を考え、ODAを通じて世界に貢献し、世界の人々と共生できる関係を作ることは、日本の未来にとっても望ましいことです。その架け橋となる人づくりもまた重要で、これらはその入り口となるコンテストと言えるのです。

　それでは、エッセイコンテストに参加した生徒たちがどう成長していったかを紹介します。

■ 平田さんの場合

　高校生エッセイコンテストで1996年度入賞した宮崎県の平田さんは、前の年の阪神大震災の現状を見てボランティア活動に目覚め、貧困を訴えるベトナム写真展を手伝いました。写真の中の明るく楽しく希望に満ちた姿を見て、悲壮な使命感を持って行うボランティアでなく、自分流のボランティアを行おうと考えました。それは、戦後50年が過ぎたことについての自分の考えを録音して、視覚障害者に聞かせるボランティアでした。このことを書いたエッセイが認められ、入賞してインドネシアに派遣されました。しかし、途上国に技術援助で新しいものが供与されても一方でスラムは存在する、そのアンバランスな「援助」について考え、「政治」も重要なことに気づきました。その経験から法学部の政治学科に進学することを選択しました。現在は法体系の整っていない国や独立したばかりで法律の整っていない国に行って法律を作る協力の道を考えています。

■ 石森さんの場合

　25年前「高校生懸賞作文」の時代のポスターを見てピン！と来て自分から国語の先生に提出したそうで

す。作品は審査員特別賞を受賞しました。そして沖縄への国内研修に派遣され、途上国の研修員の方々と出会い、語り合い、素晴らしい経験になりました。その体験が大学でもグローバル教育への関わりをさらに深めるきっかけとなりました。南米民族音楽フォルクローレとの出会いは彼女の目を開かせ、南北問題や貧困、人権などの社会問題に関心を持つ契機となりました。ますます興味は広がり、1ヶ月間ボリビアを個人で旅行し現地の人々と交流をしました。そこで、貧困や格差を目の当たりにして、生き方を変えるほどのショックを受けました。それは世界の途上国全体への関心に広がっていきました。日本に戻り、豊かさや便利さを追求するあまり、環境に、地球に、途上国の人々に、大きな負担を強いてきた生き方を問い直したのです。それを一人でも多くの人に伝えるために、教師として地球市民を育てることを選択しました。その授業はパワフルでリアリティーがあり教室にいながらにして、途上国の現実を知り自分の生き方、在り方を考えさせる素晴らしいものです。

　これらの例で明らかなのは、コンテストへの参加が自分の進路を決定づけていく大きな力となっていることでした。書くことで、その段階でおぼろげながら見えている自分の方向性がひとまず固定されることが理由でしょう。書いて、周りの人に対して自分の考えている道を宣言することが、自分自身もその道に沿って生きていくことを守ろうと考えるのです。何も書かなければ、その時に考えたことは時間の経過と共に忘れ去られてしまうことが多いですし、人に宣言していないため発言や行動に責任を感じないということもあるでしょう。それ故に、書くチャンスを作ることが重要なのです。

Ⅱ.応募アンケートからの傾向分析

　しかし、作文を書くのが苦手な生徒が多いのも事実です。そこで、書くように仕向けるのが教師の仕事でもあるのです。作文を書いた理由をまとめたグラフを見てください。

　中学も高校も明らかに「夏休みの課題として」が多く、69％がこれに該当します。ほとんどの生徒が、先生から出された宿題や課題として書いたものだということが分かります。

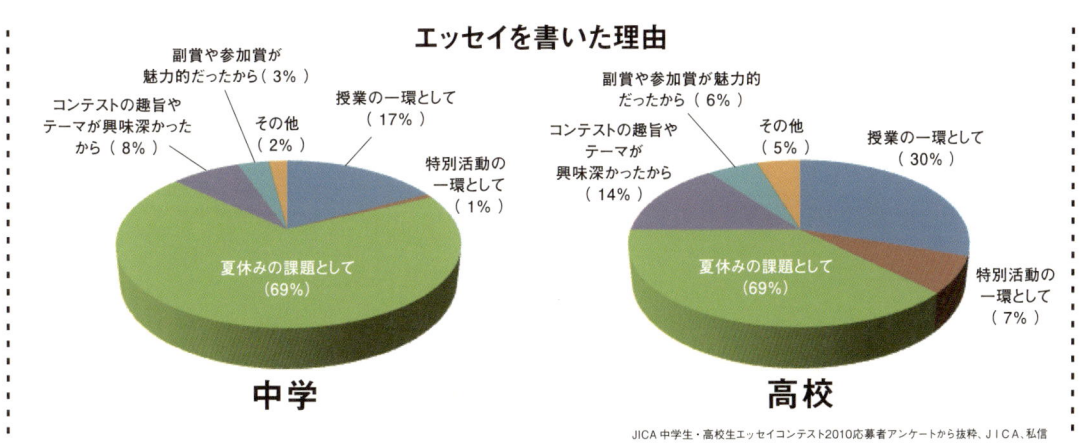

JICA中学生・高校生エッセイコンテスト2010応募者アンケートから抜粋、JICA、私信

次に中学でも、高校でも多いのが「授業の一環として」ですが、どのような教科の授業なのかを示したのが下の図です。

　中学では国語が特に多いのですが、高校を見てみると、国語、英語、社会と幅広い教科で取り上げられていることがよくわかります。その他には、もちろん、商業や工業、情報、農業など専門的な科目からの応募もあり、作文だから国語、国際協力だから英語という単純な図式ではなく、どんな教科からも、どんな切り口からも応募が可能です。

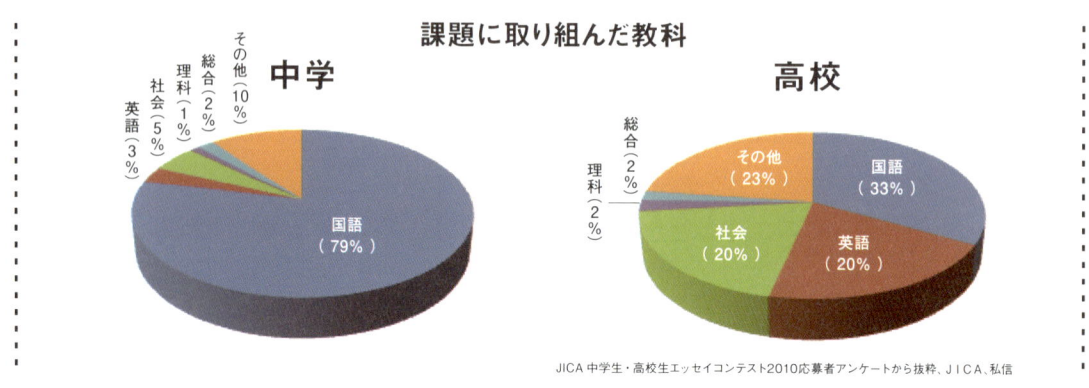

課題に取り組んだ教科

JICA中学生・高校生エッセイコンテスト2010応募者アンケートから抜粋、JICA、私信

　それを裏付けるのが下のグラフです。これは、個別作品のテーマを分類したものですが、2010年のタイトルは「行動～地球の仲間のために私たちができること」で、環境問題が約52%を占めています。それ以外に貧困問題、平和・紛争・難民、食料、教育問題、病気・疾病、健康問題など、いわゆる国連ミレニアム開発目標（MDGs）に関わるテーマが満遍なく選ばれています。それに対して2011年は「これからの日本～世界の中で私たちができること～」を考えてもらいましたが、震災問題が群を抜いて1位になりました。

　このようにこのコンテストは、グローバルイシューと呼ばれる世界の問題を考えるきっかけになっているだけでなく、若者を取り巻く世相をリアルタイムで反映し、自由な切り口から参加することができ

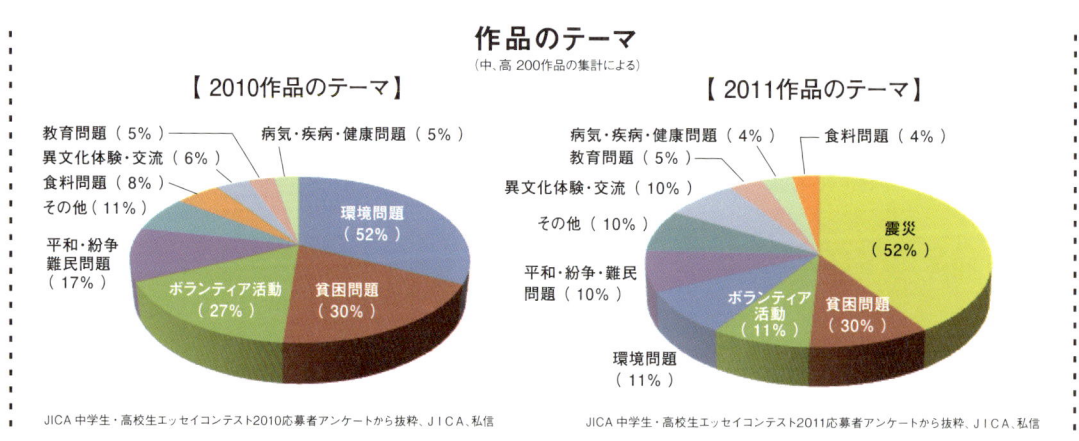

作品のテーマ
（中、高 200作品の集計による）

JICA中学生・高校生エッセイコンテスト2010応募者アンケートから抜粋、JICA、私信　　　JICA中学生・高校生エッセイコンテスト2011応募者アンケートから抜粋、JICA、私信

30

る文学的なエッセイ作品の領域を超えた要素を持っていると考えるのがよいでしょう。世界や日本の問題を知り、その解決策を考えることは、グローバルな世界との関係の中で日本人としての自分を考え直すきっかけにもなります。また、自己の成長につながることは明らかで、コンテスト入賞者が未来の進路の方向性を自分の力でつかみ取っていくことにも頷けます。(左のグラフは、複数回答を含めているため合計は100%にはならない)

Ⅲ.生徒だけでなく教師も参加できるコンクール

「グローバル教育」を実践する際に活用できる作品を募集するコンクールが「グローバル教育コンクール」です。

「グローバル教育コンクール」は平成23年で8回目の新しいコンクールです。平成16年度から「開発教育/国際理解教育コンクール」として始まったこのコンクールは、教材として使える実践例を様々な形態で、学生だけでなく、教師、市民から募ることで、ODA広報の啓発活動を幅広く広げることを目的のひとつとしたものです。平成21年度より「開発教育」という言葉の意味が分かりにくいということから直感的に理解できる「グローバル教育コンクール」と名前を改めました。この間、外務省直轄で行っていたものを、JICAが行うようになったため、エッセイと、グローバル教育コンクールの両方がJICAから発信できるようになりました。

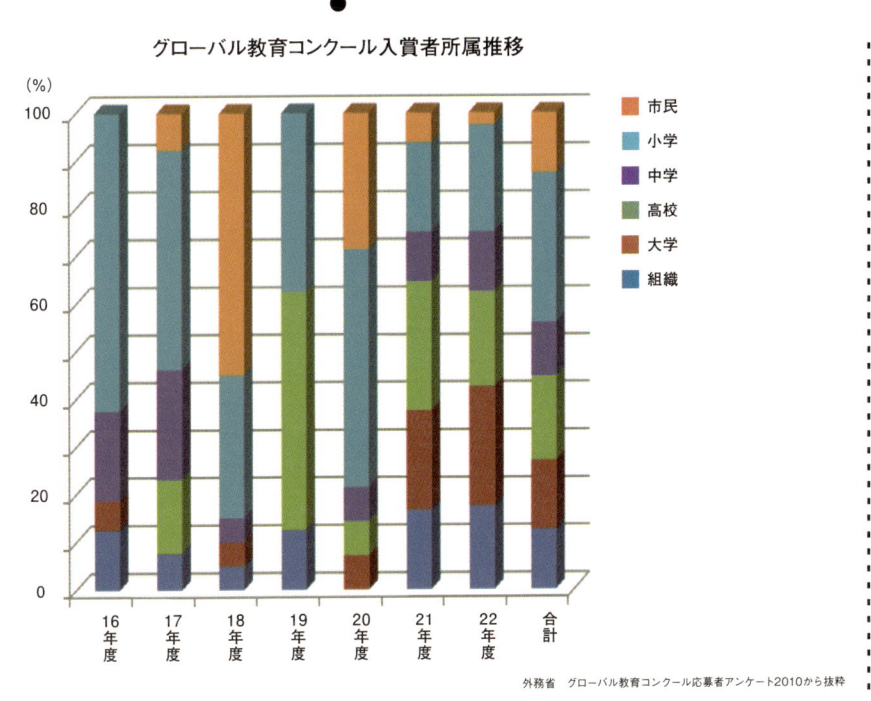

グローバル教育コンクール入賞者所属推移

外務省 グローバル教育コンクール応募者アンケート2010から抜粋

入賞者の推移を見ると、市民や組織よりも小中学校、高校、大学から応募された割合が高いことが分かります。学生だけでなく誰でも応募できるコンクールであるにもかかわらず、入賞者の割合は市民や組織よりも圧倒的に学校組織からの応募作品が多いことと、入賞した作品のクオリティーが高いことからも、学校において教員と児童・生徒・学生が力を合わせて進める活動の有効性が証明されたと考えられます。学校では教育指導体制が整った中で組織的にグローバル教育が行われやすいとともに、小、中、高、大と連続してグローバル教育が行われていることを示しています。つまり、学校教育の中でグローバル教育が浸透しやすいことが明らかになりました。

　「開発教育・国際理解コンクール」から「グローバル教育コンクール」と名称を変えて2年目になる22年度は応募数が飛躍的に増加し、2,100件となり、コンクールとしての拡大期に入りました。入賞した作品の例を紹介しましょう。

■ 東根工業高校の場合

　2010年のグローバル教育コンクールでの山形県東根工業高校の取り組みは圧巻でした。
　技術を学校の枠を超えて国際貢献に役立てるというプロジェクトを遂行しました。「生徒には社会に役立つことを実感させる」、「生徒と教師が自分自身の専門分野の枠を超えた活動を行う」というコンセプトに基づいて、ソーラーパネル100枚を手作りしました。再生可能エネルギー技術を習得するとともに、エネルギー問題について高い意識を持つきっかけとなりました。
　この取り組みの中で、生徒たちは省エネルギーとその持続性（ESD）を実感したのです。その後、生徒会が「光プロジェクト」を立ち上げ、モンゴル人留学生とともに移動式住居「ゲル」の太陽光電化システムを作り上げました。最終的には生徒たちが実際にモンゴルに行き設置作業と技術指導を行ったのでした。

　エッセイが生徒の個人戦だとすれば、グローバル教育コンクールは、生徒と教師の総力を挙げての団体戦のようなものです。日本の学校教育現場では、このチームワークを生かしたスタイルは受け入れやすいのではないでしょうか。しかも、上位入賞すれば、通常のツアーでは行くのが不可能な途上国の辺境の地へ安全に連れて行ってもらえます。途上国の現場で、日本の青年が国際貢献を目的に活躍している姿を見ることができるのです。

　平和で安全な日本での日常と大きく違った環境で、青年たちが悩みながらも精一杯努力している姿は、自分を考え直す力になることでしょう。教員の働きかけとチームワークで、生徒たちにやる気と将来の自分を実感させる試みに参加してみませんか。

Ⅳ.具体的な参加のポイント

　募集の案内とポスターは5月頃に全国の中学校、高校に送付されます。まず、最初にやることは学校に送付されたポスターを校内に掲示して、生徒たちに早めに声をかけることです。過去の作品集もありますので、それを読むのもヒントになるでしょう。作品集が手に入らなくても、JICAのホームページ上に入賞作品が掲載されていますので、印刷して見せるのがよいでしょう。応募傾向にあったように夏休みの宿題として取り組ませるのもよいでしょう。

　エッセイコンテストでは、2011年度は中学約50,000作品、高校約25,000作品に及ぶ多数の応募が全国各地からありました。賞をもらえる人はほんの一握りで厳しいのですが、実は、学校全体で取り組むことでもらえる賞もあります。60作品以上の応募、または全校生徒の3割以上の応募があった学校は「学校賞」が受賞できるのです。また、過去4年間毎年「学校賞」を受賞し、今年度も同賞の受賞要件を満たし、かつ5年間の応募累計が500作品以上、または5年間毎年全校生徒の5割以上の応募があった学校は「特別学校賞」が受賞できます。先生方にとっても、生徒にエッセイを書かせることによって、生徒たちが成果を実感し満足感を得られることを考えると教育的効果は高いと考えられます。

●

　生徒がエッセイを書くきっかけを作るには、教師の働きかけが必要です。ポスターを見て自主的に書き始める生徒はほんのわずかです。いい体験を持ちながら、それを表現することに気づいていない生徒たちを発掘するのも教員の役目でしょう。生徒たちに新しい自分探しの一歩を踏み出させてあげたいものです。

エッセイコンテスト　http://www.jica.go.jp/hiroba/menu/essay/index.html
グローバル教育コンクール　http://www.jica.go.jp/hiroba/menu/global_edu/index.html

---

（斉藤宏）

JICA「グローバル教育コンクール」

　ここで紹介する2つの事例は、JICA「グローバル教育コンクール」への応募作品です。これら2つの実践例は、それぞれの学校の特性を最大限生かした実践となっています。生徒たちは、自分の専門を生かすことで積極的、主体的に参加し、自分の活動が人のためになったことを実感し成長していきます。また、職員間の連携も前進し、科を越えた協力が作られてきています。このような取り組みは、自分自身の所属するコミュニティの中での相手に対する理解や協力する心を育て成長させると同時に、周囲の共感を生み活動の拡大につながります。ぜひ「グローバル教育コンクール」に応募してください。　■グローバル教育コンクールについて　http://www.jica.go.jp/hiroba/menu/global_edu/index.html

I. ラオスと高知を結ぶ「海援隊型国際交流」高知商業高等学校

■ 18年で6校の建設に協力

　高知商業高校生徒会は、1994年から県内のNGO組織「高知ラオス会」が行っているラオス学校建設活動に参加しています。これまでに、建設費用一校あたり約400万円の学校が6校建設され、のべ、1000人を超える子どもたちが新しい校舎で学んでいます。1995年からは毎年代表生徒をラオスに派遣し、建設された小学校で運動会や体力検査を実施するなど、交流もますます盛んになってきています。

バン・カーム小学校

ラオスのこどもたちとの交流

■ 資金調達は（模擬）「株式会社」設立で ～海援隊型国際交流～

　生徒たちは商業高校の特性を生かして、学校全体が参加できるユニークな仕組みを考えました。生徒と教職員・保護者が出資し、「株式会社」を校内に設立。そして毎年夏休みに、代表生徒が出資金をもとに、ラオスで織物や銀製品、民芸品を仕入れてきます。仕入れた商品を高知に持ち帰り、学校や地域の様々なイベントで販売します。その利益については、配当とともに出資金を株主に返金し、残金を「高知ラオス会」を通じて学校建設活動資金に充てるというものです。株式会社を設立し、貿易によって国際交流活動を行っているということで、「海援隊型国際交流」とも呼ばれています。この会社の取締役社長、監査役、会計、総務などはすべて生徒会執行部、一般生徒で構成され運営されており、まさに生徒たちの自主自立した活動です。高校生がラオスに6つの学校を贈ることができたことに勇気づけられました。

株式会社説明会

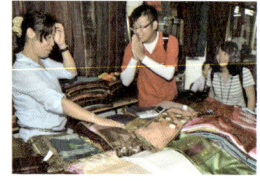
ラオスでの商品買い付け風景

文化祭での販売風景

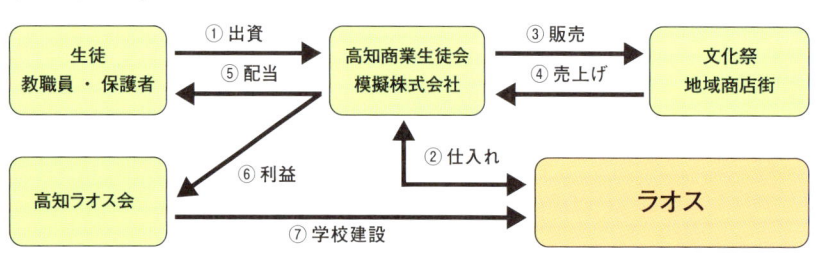

II. 手作り太陽電池パネルから「つながる」「広がる」高校生の国際協力活動
～持続可能なまちづくりのために～　　　　　　　　　山形県立東根工業高等学校

　2008年2月、太陽電池パネルを手作りし普及活動を行なっているNGOと出逢い、2枚のパネルを本校にて手作りしました。その後、全校生徒で100枚のパネル（約3kw）を作り、学校で使用される電力の一部を供給しています。この取り組みで培った技術を活かしたのが次のプロジェクトです。

■ 光プロジェクト

　2008年4月、学校にモンゴルから留学生がやってきました。彼女の夢は科学者になり環境問題を解決して、祖国モンゴルの発展に貢献すること。同じ世代の女の子が固い決意と夢を抱いていることに感銘し、工業高校生としての特性を活かし、何らかの形で協力したいと考えました。

　モンゴルの首都周辺では電気が充実していますが、地方では多くの人々が電気に不自由しているそうです。特に移動式住居ゲルには電気はなく、中央に炉を置き、暖を取ったり料理をしたりしているそうです。明かりは天窓から差し込む光のみで大変暗いと聞き、私達はこのゲルに太陽光電化システムを設置することにより、モンゴルに太陽光発電システムを広められると考え「光プロジェクト」を立ち上げました。実際にモンゴルまで設置に行った生徒は「今までの国際交流とかは実感がなかったのですが、自分たちの作ったソーラーパネルで光がついた瞬間に、よかったと心から実感し、自分の今までの価値観を見つめ直し、自分なりにやれることがあるはずだと思えた。」と書いています。

ゲルへの設置（モンゴル）

■ サステナタウン・プロジェクト

　このプロジェクトは、対象とする国や地域の問題点を考察し、誰もが安心でき、自然と共存しながら生活できる空間づくりを目指し、持続可能なまちづくりに協力したいと考え、2010年1月に誕生しました。バングラデシュで活動しているNGOの環境保全事業に参画し、協働で現地生徒とともにエンジニアを対象とする太陽光発電システムの設置と技術指導を行っています。バングラデシュに渡航した生徒は「物があるから豊かで、幸せだなんてことはないと感じました。バングラデシュの人々を見て、本当の幸せが何なのかを心のどこかで感じることができたように思います。そして、バングラデシュの人達は何でも生み出すことができるように思えました。」と感想を書いています。

無電化地域にて（バングラデシュ）

体験を通して学ぶ

　太陽電池パネルは、手作りパネルです。生徒たちは、その技術を学び、途上国においても持続可能な技術支援として、ものづくりによる国際貢献を目指したのです。ものづくりを通じた国際貢献は日本の生きる道であり、それを体験させたこれらのプロジェクトは素晴らしい実践だと思います。

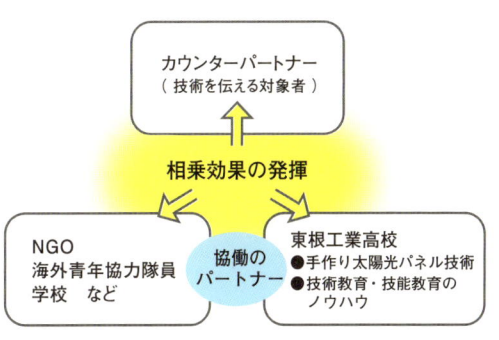

ニッポン人からアジア人へと成長
－JENESYSプログラム－ 財団法人 日本国際協力センター（JICE）

　21世紀東アジア青少年大交流計画（ジェネシスプログラム／ JENESYS）は、日本政府の呼びかけにより、2007年から開始されました。このプログラムは、「受入（招へい）」「派遣」「交流」と3つの事業からなっており、日本と東アジア双方の青年たちが大きな刺激や影響を受けています。

　若い皆さんは、大人と比べ価値観や物の見方に関して柔軟です。国際交流に参加することは、互いの違いを受け入れ認め合い、新しいものを吸収して視野を広げていく良い機会になります。それはまさに、皆さんの「アジア人」としての成長へとつながっていくのです。

　JICE は JENESYS プログラム実施団体の1つとして、年間約3,000～4,000人の短期プログラム（約10日間）を企画・運営しています。

　このページでは、皆さんと同じ日本の学生たちの声から、彼らがどんなことを見聞きし、感じ、考え、変わっていったのかをご紹介します。

■ 国籍などは関係なく、同年代の仲間として通じるものが沢山ある ― 受入（招へい）事業

　「ベトナムの学生と交流することになった」と高校で聞いた時は、どんな人たちなのだろう、自分の英語で通じるだろうか、どうやって話を進めていけばいいのか等の不安で、とても緊張しました。

　ベトナムという国についても、あまり知らなかったので心配していましたが、交流の日、いざ輪になって自己紹介を始めると、勉強や生活、家族やアニメ等、色々な話で盛り上がりました。

　国籍などは関係なく、同年代の仲間として通じるものが沢山ありました。

　互いの考えや文化についての話し合いでは、しっかりとしたものの考え、堂々とした発言に刺激を受けたり、自分の国である日本を見つめ直したりするきっかけにもなりました。

　自分の伝えたいことを英語で話すことは大変でしたが、通じた時には本当に嬉しく、「英語を話せるようになりたい、もっと努力して世界レベルで通用する人間になりたい」と思うようになりました。本当に良い経験となりました。

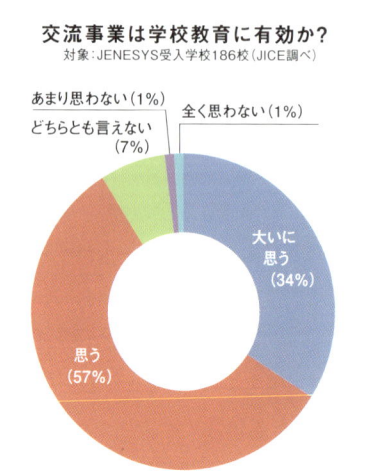

■ タイのゴミ問題解決へ、高校生が動き出す ― 派遣事業（立命館宇治中学校・高等学校）

「タイの皆さんは、いつでもどこでも、僕たちをとても温かく迎えて交流してくれました。だから『本当に彼らのためになる』ことをしたいと思ったんです。

交流したタイの高校生と話し合った結果、一番深刻だったのはゴミ問題です。衛生面を心配してしまうほど、街や学校はゴミで溢れていました。分別の仕組みはあるのですが、ゴミ箱自体が少ない上に、分別用のものはほとんどありません。そのため、皆のゴミへの意識が高まらず、結局まとめて道に捨てられてしまうのです。

解決への第一歩として、日本とタイでそれぞれペットボトルキャップの換金等を行って分別用ゴミ箱を購入し、交流した高校に設置しました。有志でタイを再訪問して、ゴミ箱の贈呈式も行いました。

この高校のゴミ分別運動が周りの意識を変えることができれば、いつか街にも分別用ゴミ箱が設置されていくかもしれないと、期待しながら交流・活動を続けています。

高校生が自分たちで行った『誰かのための』企画・活動は、非常に貴重な経験となりました。やりがいがある一方で『もっと早く連絡・確認するべきだった』など、実際にやってみてわかったことも沢山ありました。失敗や迷惑をかけてしまった反省点は、必ず次へ活かすようにしています。

今は、タイのゴミ問題と並行して、東日本大震災の被災地への支援活動を行っています。」

■ "we are unity"（私たちは1つ）― 交流事業

日本とASEAN10カ国から総勢150名の大学生が集結、様々な議題で語り合い提言をまとめました。

やはり国や人による格差は大きく、昼食代やお土産代等の金銭感覚や通学事情、インターネット環境等、私たちの「当たり前」が「当たり前」ではないことを痛感しました。

そのように多様な違いや価値観に触れながらも、お辞儀をしたり同じところで笑ったり。

人の結び付きにおいて、アジアは根本的なところで繋がっていると感じました。

ラオスの参加者から、「we are unity」という歌を習いました。
「太陽や海のように夢もシェアしよう。同じで違う私たちが1つになれるって、私は知っているから」

アジアの将来について歌ったものだそうです。政治経済をはじめ、多くの課題を抱えるアジアが本当に1つになれるのか、それは私たちの手にかかっているのかもしれません。

※このプログラムに関するJICEお問合せ先 ――
☎03-5925-7530　　http://sv2.jice.org/jenesys/

1 異文化との出会い
－ 異文化から考えるアイデンティティ －

I. 異文化適応の4つのタイプ

　皆さんは異文化に触れたことがありますかと訊かれたら、何と答えますか?「私は外国に行ったこともないし、外国人の友達もいないし、異文化体験なんてない」と思っている人も多いのではないでしょうか。しかし、よく回りを見渡してみてください。実際には異文化に触れる機会が多くあるはずです。

　映画や音楽は外国のもので溢れていますし、日本文化以外の異文化を背景に持った人たちを町や学校で見かけることもあるでしょう。現在、日本には200万人を超える外国人登録者がいます。日本で学んでいる留学生も毎年12万人を超えています。ここでは、「国」の枠を越えて人々の移動が頻繁に行われている現代社会に生きる皆さんと、異文化との接触について少し考えてみたいと思います。

■ 異文化の適応に関するタイプについて考える

　下の表は、異文化の適応(文化の受容)のタイプを4つに分けたものです。人は異文化に接触すると、何らかの葛藤が生じ、心理的に不安定な危機に直面します。そのとき、横軸は自分の文化を重視するか重視しないかで分け、縦軸は相手の文化の人との関係を重視するか重視しないかで分けて、文化の受容タイプを下のア・イ・ウ・エの4つに分けてみました。

❓ 考えてみよう

❶AさんからFさんの説明を読んで、それぞれに右表のア・イ・ウ・エを当てはめてみよう。

	自文化を重視する	自文化を重視しない
相手の文化の人を重視する	ア	イ
相手の文化の人を重視しない	ウ	エ

井上孝代 (2000)

　ここにAさんからFさんの6人がいます。6人がそれぞれア・イ・ウ・エのどれに当てはまるかグループで話し合って、その話し合いの結果を(　　)内にア・イ・ウ・エの記号で書き入れてみましょう。

　　Aさんは近所のおじいちゃん。落語が大好きで、他の古典芸能にも興味があり、町で古典芸能に関する催しを企画している。しかし、ロックなどの洋楽は嫌いで、町のお祭りでロックコンサートの企画が出たら、大反対をした。………………………………………(　　)

　　Bさんは文化交流部に所属する高校生。日ごろからメールを使って、海外の高校生と交流している。先日は来日している留学生のために日本文化紹介の催しを開催して、留学生たちに日本文化を紹介した。………………………………………(　　)

Cさんは日本に留学中の大学生。ホームシックになったのか、あまり外出もせず、留学生同士の付き合いや日本人との交流もない。……………………………………………………（　　）

　Dさんは日本のアニメが好きなフランス人。フランスの堅苦しい社会を嫌い、日本のポップカルチャーが好きで来日した。日本語が上手で、日本企業で働きながら日本で暮らしている。……（　　）

　Eさんは将来、国際金融機関で働くことを夢見ている高校生。そのために毎日、英語やフランス語の勉強を一生懸命している。更に、日本のことも知らないといけないと思い、剣道部と茶道部で活動している。………………………………………………（　　）

　Fさんは中学校の先生。日本人学校の先生として、3年間外国に住んでいた経験がある。現地の日本人コミュニティの中で生活してきたので、現地の人たちとの交流はなかった。……………（　　）

　Gさん（私）は、………………………………………………………
………………………………………………………………………………
　　　　　　　　　　　　　　　　　　　　　　　　　　（　　）

　以上に挙げた4つのタイプは、決してどれが良いとか悪いということではありません。上記の事例を参考にして、自分は一体どのタイプに近い考えを持っているのかを把握しておくことが大切なのです。なぜなら、皆さんはこれからさらに異文化と出会うことになるからです。その際、自分は良かれと思っていることでも、実は自分勝手であったり、他にもっと良い対応方法があることに気づいてほしいと思います。

II. コミュニケーション・ギャップ

　私たちは、日常的に他者とのコミュニケーションを繰り返しながら生きています。しかしながら、当然その際に「すれ違い」が生じることがあります。ここでは、コミュニケーションの際に生じる「すれ違い」、つまりコミュニケーション・ギャップについて考えてみましょう。

　コミュニケーション・ギャップは、普段の生活の場面で、教師と生徒、上司と部下、夫と妻など様々な間柄で起こります。特に異文化間では、それぞれが持っている文化的背景や、社会的、または歴史的背景の違いにより、コミュニケーション・ギャップが生じやすいと考えられます。

　以下では、ある日本企業に勤めるJさんのエピソードから、日本人が異文化に接触したときのことを想像して、コミュニケーション・ギャップについて考えてみましょう。

❓ 考えてみよう

❷ AさんからFさんのエピソードを参考にして、あなた自身の異文化体験と、その時の対応を簡単に紹介してみよう。その上で、あなたはア〜エのどれに当てはまるかも書いてみよう。

■ ア〜エの4つのタイプについて

ア：統合と呼ばれ、自文化のアイデンティティを維持しつつ、異文化の人ともよい関係を維持するタイプ。

イ：同化と呼ばれ、自文化はそっちのけで、異文化に一方的に合わせるタイプ。

ウ：分離と呼ばれ、自文化のアイデンティティは守るが、異文化の人々との関係は重視しないタイプ。

エ：周辺化と呼ばれ、自文化のアイデンティティを重視せず、異文化の人たちのとの関係も大切にしないで、どこにも帰属感がないタイプ。

Jさんは最近ニューヨークに進出したばかりの日本企業に勤めている日本人です。ある日、来客があったので、アメリカ人の従業員にお茶を入れてほしいと指示しましたが、お茶汲みは職務ではないという理由で断られました。

石井敏 (1987)

考えてみよう

❸ JさんのエピソードからあなたⅡ身が「異なるもの」に出会った時の態度を考えてみよう。【問1】

【問1】 あなたがJさんだったらどのような反応をしますか。2行で書いてください。

❹ 文化によって異なる「価値観」について考えてみよう。【問2】

【問2】 実は、この後このアメリカ人従業員はお茶汲みをするようになります。一体Jさんはどのようにしてお茶汲みをしてもらうようにしたのでしょうか。想像して書いてください。

❺ あなた自身のコミュニケーションの特徴を考えてみよう。【問3】

【問3】 下のア〜エは、日本人のコミュニケーションの特徴をいくつか挙げたものです。各項目について、あなた自身がどの程度当てはまるかをチェックしてみましょう。

当てはまらない ← → よく当てはまる

ア 発話量が少ない　　　　　1　2　3　4　5
イ 沈黙を美徳としている　　　1　2　3　4　5
ウ 明快な言葉で真意を伝えようとすることを避けて、あいまいな言葉を送り、相手がそこから真意を正確に汲み取ってくれることを期待する　　1　2　3　4　5
エ 自己開示（自分のことを話すこと）を深く行わない
　　　　　　　　　　　　　　1　2　3　4　5

村田光二 (2008)

❻ コミュニケーション・ギャップを避けるためには、どのような心構えが必要なのか、また、あなた自身はどの位その心構えを持っているのかを考えてみよう。【問4】

【問4】 コミュニケーション・ギャップを避けるためには、どのようなことに気をつけたらいいのでしょうか。下のア〜カは、コミュニケーション・ギャップを避けるために持っておくべき意識を示したものです。あなた自身の意識をチェックしてみましょう。

当てはまらない ← → よく当てはまる

ア 相手が自分とは違う文化や知識を持っているために誤解が生じやすいことを常に意識する　1　2　3　4　5
イ 相手が実際にどのような文化や知識を持っているかをよく理解している　　　　　　　　1　2　3　4　5
ウ 自分が偏見やステレオタイプに囚われていないかを自省できている　　　　　　　　　　1　2　3　4　5
エ 相手の立場に立てる（高い共感性を持っている）
　　　　　　　　　　　　　　1　2　3　4　5

オ 分からないことがあることに耐えられる

　　　　　　　　　　1　　2　　3　　4　　5

カ 相手の行動様式を批判しない

　　　　　　　　　　1　　2　　3　　4　　5

西田ひろ子(1988)

●

　これから先グローバル化の波は、皆さんの想像を超えて、皆さんの生活を飲み込んでいくことでしょう。これまでのように、日本文化を共有する人々からなるコミュニティだけで生活することでは、もはや立ち行かなくなってきています。今以上に「異文化」に出会う機会が多くなり、今以上に異なる文化を持つ人とのコミュニケーションが増えるでしょう。皆さんがこれからも体験し続ける「異文化への適応」の先には、日本の文化に囚われることなく、どこに根があるか分かりにくいけれども、それでもあなたらしさを失わない、柔軟なアイデンティティがあるのです。何か素敵ですね。それがどんなものかは何年後かの皆さんから聞くことにしましょう。

　前記の【問1】では、あなた自身が「異なるもの」に出会った時の行動を、【問2】では、文化によって異なる価値観を、【問3】では、あなた自身のコミュニケーションの特徴を、そして【問4】では、あなた自身が今現在持っているコミュニケーション・ギャップを避けるための意識を、それぞれ見てきました。

　最後に、「今の自分」を振り返ってあなた自身の価値観について考えてみましょう。アイデンティティとは、あなたがあなたであることを意識することでもあります。「今のあなた」をあなた自身が一体どのように捉えて、認めているのか、またどのような価値観を持っているのかを認識することは、あなたのアイデンティティを意識することにもつながります。是非、異文化と出会った時の自分を振り返って、今の自分と、将来こうなりたい自分像を考えてください。

●

【問5】　以上の学習を振り返って、あなたがどのような価値観をもって異文化と接する人なのかを書いてください。また、これからどんな人になりたいかも書いてみましょう。

私は、異文化と接した時、..
....
....する人のようだ。
私は、..
....という価値観をもっているようだ。
これから先、..
....したい。

? 考えてみよう

❼ あなたのアイデンティティにつながる要素のひとつでもある「価値観」について振り返り、理想の自分像を考えてみよう。【問5】

参加型学習の活用ポイント

「部屋の四隅」を活用 (本書12ページを参照)

テーマ例： コミュニケーション・ギャップ
トピック例：「お茶汲みをしない従業員」
方　　法：① 本書42ページの事例を使用します。Jさんにお茶を入れて欲しいと頼まれたが断ったアメリカ人従業員の対応に対して、以下の4つの選択肢を準備します。「賛成」「反対」「どちらかといえば賛成」「どちらかといえば反対」
② 掛け声と共に、自分の考えに近い選択肢の場所（四隅）に移動してもらいます。
③ 4つのグループができたら、それぞれのグループから、数名ずつ「なぜそう思ったのか」を聞きます。ここでは、他者の意見に対しての意見交換は行わず、様々な考え・意見があることに気づかせます。
④ 次に、【問2】のストーリーの続き（下記参照）を発表した後に、上と同じ質問をします。
⑤ 各グループにおいて、移動した人や、移動しなかった人それぞれに意見を聞きます。
⑥ 一通り意見を聞き終わった時点で、ファシリテーターが黒板等に意見をまとめます。この際、生徒から出た意見の正誤を追及するのではなく、あくまでも多くの異なる意見が存在することを認識させます。つまり、同じ教室内にも「異なるもの」が存在し、その「異なるもの」との出会いこそが私たちを成長させるという点に気づかせます。

指導のポイント

【問2】のストーリーのつづき

「仕方なく、Jさんは自分でお茶を入れた。その後もたびたび来客時にお茶を入れてほしいと頼んだが、同じ理由で断られたので、Jさんは自分でお茶を入れていた。Jさんはアメリカ人とは文化や習慣も違うので、言ってもしょうがないと思って何も言わずにいた。そして、その後、その従業員からどうしてもお茶汲みをしてほしいということであれば、お茶汲みを職務規定の中に入れてほしいと言われた。早速、Jさんはお茶汲みを職務規定に追加したところ、その従業員はその後、来客時や適当な時間に愛想よくお茶を入れてくれるようになった。」石井敏(1987)

この事例の舞台であるアメリカは、一般的に「契約社会」と言われる。つまり、何事も「契約」に基づいて成り立つという考え方である。一方で、日本では「杓子定規」等の言葉があるように、状況によって物事を判断することが多い。Jさんとアメリカ人従業員の間で起きたすれ違いは、以上のような文化の違いから起きたと考えられる。

参考文献
石井敏『異文化コミュニケーション 新・国際人への条件』有斐閣、1987年
井上孝代『留学生の異文化間心理学 文化受容と援助の視点から』玉川大学出版部、2000年
佐藤仁美　西村喜文『思春期・青年期の心理臨床』放送大学教育振興会、2009年
西田ひろ子『異文化間コミュニケーション研究の現状と問題点』北樹出版、1988年
村田光二『社会心理学の基礎と応用』放送大学教育振興会、2008年

（髙田幸治）

2 文化の変容

― ことばと食から見る文化の変化 ―

I.「文化」とは

皆さんは「文化って何？」と聞かれたらどのように答えますか。私たちは「文化」ということばをよく使用しますが、一言で説明するのは簡単ではありません。これまでも世界中で多くの学者や専門家たちが「文化とは何か」について様々な定義を試みていますが、ひとつの決まった定義は存在しないくらい「文化」とは奥が深いものです。

世界中の各地域において、周囲を海で囲まれている人々や、陸続きで異なる生活習慣を持っている人々が存在する地勢状況や、その土地による気候の違いなど、様々な条件の下で各地域にふさわしい生活習慣が育まれてきました。つまり、人々がそこで生きていくために最適な「生きるための手段」が存在するのです。アメリカの文化人類学者クライド・クラックホーンは、「文化」を以下のように定義しました。

曰く文化とは、「生きるための工夫」であると。

生きるための工夫としては、様々な要素が存在します。例えば、その地域にふさわしい服装、またはその地域にふさわしい食べ物や家などを挙げることができます。「衣食住」と言われる要素です。

このように、「文化」とは、人々が生きるために工夫して構築してきた様々な要素なのです。「文化」には地域独自の工夫がなされているために、多種多様な文化が存在するのです。

■ ここでは「異文化理解」や「日本文化」の場合に使われるような、より大きい意味での「文化」について述べている。

■「生きるための工夫」：「designs for living」の訳

■ 日本の文化人類学者、石田英一郎は特に重要である文化要素として、「技術」「社会」「言語」「価値」の4つを挙げている。

II. 文化の変容

ここまでで、文化が「生きるための工夫」であることを見てきました。ここで少し考えてみてください。

「文化は変化するのでしょうか？」

例えば、服装について考えてみましょう。以前の日本では大人も子どもも皆着物（和服）を着ていましたが、今はどうでしょうか。私たちが着るものは時代とともに変化しています。つまり、冒頭の質問に対しては「イエス」と言えるでしょう。

昨今の世界を見渡すと、グローバル化という名の下に個々の文化が影響力の強い文化、魅力的に見える文化を吸収しているように見受けられます。もしくは、力のある国が押し付けているのかも知れません。それでは次の質問です。

■ 圧倒的に影響力のある文化として、西洋文化、特にアメリカから発信される文化が挙げられる。アメリカ発信の文化の代表として、映画、テレビ、ファストフード、ディズニーランド、コンピューター、インターネット等がある。

「このままグローバル化が進むにつれて、世界中の多様な地域文化は『アメリカ文化』に代表されるような影響力の強いものに画一化されて行くのでしょうか。」

ここで、文化がどのように変わっていくのかを簡単に説明してみます。まず、文化が変化する第一段階として、既存の文化と新しい文化の出会いがあります。次に、新しい文化要素が既存の文化に入り込みます。入り込んだ文化要素は、既存の文化の中でしばらく過ごします。その間にいくつかのパターンに変化するのです。物がフィルターのような機械の中に入り込み、出てきた時には違う形になっていることを想像してみてください。(下図参照)

■ ここでは「受け入れ」を中心に話をしているが、法律、教育システム、政治体制など、新しい文化が強制的に与えられる場合もある。

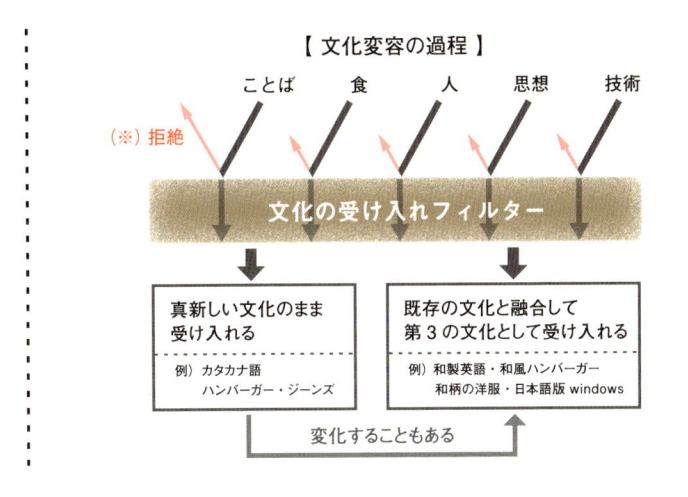

【文化変容の過程】

ことば　食　人　思想　技術

(※) 拒絶

文化の受け入れフィルター

真新しい文化のまま受け入れる
例) カタカナ語
ハンバーガー・ジーンズ

既存の文化と融合して第3の文化として受け入れる
例) 和製英語・和風ハンバーガー
和柄の洋服・日本語版 windows

変化することもある

(※) 文化要素によっては、受け入れられずに拒絶されることもあり得る。

■ 左の図では、「文化の受け入れフィルター」にかけられた新しい文化要素が単純に2つの型に変化することを表しているが、実際には他のパターンも存在する。

このように、新しい文化はほとんどの場合、既存文化のフィルターにかけられて取捨選択され、その地域にふさわしい形に変化するのです。

ここでもう一度上の質問について考えてみましょう。確かに影響力の強い文化が世界中に広まっていますが、各地域の「文化受け入れフィルター」が機能する限り、地域独自の文化が失われることはないと考えることができるのではないでしょうか。ただし、その地域の「フィルター」の精度によっては、より地域色の濃いものに変化したり、よりグローバル色の濃いものに変化したり、変化の度合いは様々です。

Ⅲ. 日本の文化変容

現在、「日本文化」とひとことで言ってもその形は見えにくいものです。日本が海外との交流を始めたのは稲作文化の頃からでしょうか。大陸から様々なものが「島国日本」国内に持ち込まれました。明治以降は、各国から多種多様な文化要素が日本に入ってきました。「文化

の受け入れフィルター」で見たように、日本の文化と外から入ってきた文化が融合した形で私たちの生活に溶け込んでいるのです。

■ カタカナ語

私たちの生活の中には外来語も数々入ってきています。私たちの「言語」に新しい要素が追加されているケースや、新しく入ってきたことばと日本の文化が融合して「和製英語」などのように変容したものがあります。以下の表は約2,000人の日本人のカタカナ語理解度を示したものです。40個のカタカナ語が並んでいますが、意味は分るでしょうか。

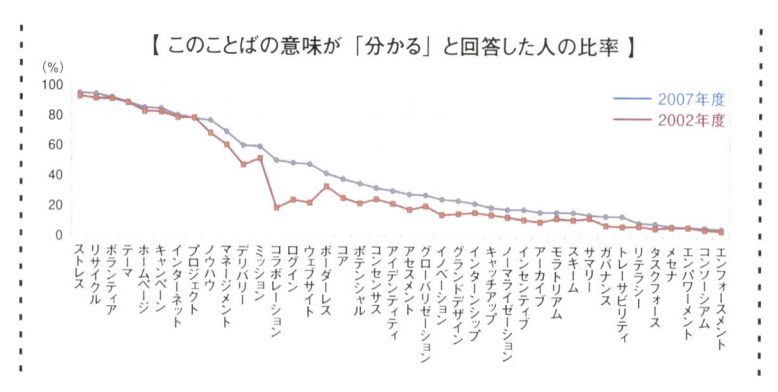

【 このことばの意味が「分かる」と回答した人の比率 】

このようにカタカナ語のほとんどは、表記こそ日本語になっていますが、新しい文化要素（ことば）がそのまま日本の文化に入り込んだ形で存在しています。以上は、新しい概念や物をことばとともに日本の文化に受け入れた文化変容パターンの一例です。

■ 外国語になった日本語

日本に入ってきたことばとは逆に、外国に受け入れられた日本語も数多く存在します。それまで外国には存在しなかった物や概念を表そうとした際に、どうしても現地の言語ではうまく表現できない場合、そのままの形で日本語が受け入れられるのです。例えば、karaoke（カラオケ）、daikon（大根）、origami（折り紙）などから、最近ではmottainai（勿体ない）やkaroshi（過労死）など、多くの日本語が外国語として使われています。

■ 食べ物

私たちの食生活は時代とともに変化しています。食事もことばと同様に、まったく新しく追加されたものや、日本の文化と融合して作られたものなど、様々な変容を続けています。また、食の内容の変化に伴って日本人の好きな料理も変わってきています。次頁の表は、16歳以上の日本人3,600人を対象に行った1983年と2007年の好きな料理ランキング調査の結果です。

■ 片仮名：西暦800年頃に、文字（漢字）を簡略表示するために考案された。
■ カタカナ語：主に、外来語と和製英語を表わす際に使われるもの。

! やってみよう!

❶ 右のカタカナ語を見て、意味の分かるものをチェックしてみよう。

？ 考えてみよう

❶ 日常使っているカタカナ語を考えて書き出してみよう。
❷ 右のグラフのうち理解度が低いカタカナ語は、どうして理解度が低いのか理由を考えてみよう。
【ヒント】まだ新しいから普及していない、専門的すぎる、そのような概念が日本にはない等、様々な視点から考えてみよう。
❸ キーホルダー、コインランドリー、サラリーマン、フリーダイヤル等のような「和製英語」を書き出してみよう。

■ ポケット、パン、ワイシャツ、ジャズ、ジーンズ、テレビ、ラジオなど、もともと日本になかったものを表す際にカタカナ語を使用することが多い。

？ 考えてみよう

❹ 外国語になった日本語を調べた上で、受け入れ国の文化と日本文化の違いを考えてみよう。

【日本人の好きな料理ランキング】

順位の上がった料理	
料理名	順位 1983 → 2007
すし	1 → 1
ラーメン	10 → 3
焼き魚	12 → 5
焼肉鉄、板焼き	8 → 6
カレーライス	16 → 7

順位の下がった料理	
料理名	順位 1983 → 2007
すき焼き、しゃぶしゃぶ	3 → 11
うどん、きしめん	5 → 16
天ぷら	6 → 17
漬物	4 → 18
おでん	13 → 19

NHK放送文化研究所調査部「日本人の好きなもの」2008年より抜粋

表に挙がっている好きな料理ランキングの変化には、日本人の食生活そのものの変化が関係していると考えられます。時代とともに手軽に食べることができるファストフードや、家の外で食事をする機会が増えたことなど、食に関する選択肢が増え続けていること自体も、文化の変容であると捉えることができます。

■ 人の移動

右の写真のような風景は、今や決して珍しいものではありません。海外から日本へは、「人」も入ってきていることは皆さんも理解できるはずです。例えば横浜の中華街は有名ですが、その他にも外国人が集中して生活している地域が日本各地にあります。また、通りの看板を見ると、様々な国の料理店の看板を見ることができます。

外国から日本へ来る人たちは「文化の運搬者」とも言えるでしょう。彼・彼女たちが日本にもたらしてくれた文化要素を、文化の変容という視点から捉えることは、日本と外国の交流の歴史を見ることにつながるのです。現在の「日本文化」は、過去に起きた文化変容の集積であるため、人の移動や国同士の交流に関する歴史を知っておくことも必要なのです。

また、日本語が海外の文化に受け入れられたように、日本から海外に移動する人もいます。日本人が海外へ移動することで、移動先の文化に影響を与えていることもあるのです。皆さんが海外旅行や留学、仕事などで外国に行く時には、日本文化の運搬者であることを意識してみてください。同時に、帰国する際は海外の文化要素を日本へ運ぶ貴重な運搬者であることも忘れないでください。

●

人の移動に伴う文化の変化は、今後ますます盛んになることが予想されます。海外旅行や留学、また海外就労や国際結婚など、国の枠を超えて移動する「人」がもたらす事象にも関心を持ち、現在進行形で変化し続ける「日本文化」をよく理解して、「日本文化」を「日本の資源」として世界に発信し続けていってほしいものです。

❓ 考えてみよう

❺ ラーメンの順位が大きく上がった理由を考えてみよう。

【ヒント】もともとラーメンは中国から日本に入ってきたものですが、様々な工夫がされています。

❻ 海外から入ってきた食で、日本のものと融合されて普及しているものを挙げてみよう。

【ヒント】パンと中国から来たまんじゅうが融合されたアンパンや、しょうゆ味の和風スパゲティ等、身の回りには多く存在します。

ある街並み風景（新宿区）

多言語による標識（新宿区）

❗ やってみよう！

❷ 実際に日本にあるエスニックタウンを散策して、そこで発見したものをまとめてみよう。

参加型学習の活用ポイント

「アクションリサーチ」を活用（本書26ページを参照）

校外学習は、迷惑行為や安全への配慮はもちろんだが、そのためには周到な準備が必要である。学習の目的が各生徒によって理解されていることが必須である。

テ ー マ 例： 街並みから新しい文化を発見する
トピック例： 「日頃気づかなかった文化」「これぞユニークな文化」「○○人がもたらしてくれたもの」
方　　　法： ①トピックの設定／あらかじめ上記のようなトピックを複数準備しておき、各グループに選ばせるか、グループにトピックを考えさせます。トピックに沿って調査を行っていくため、できるだけ簡潔で目的が明確なものがふさわしいでしょう。
　　　　　　②下準備／例）「日頃気づかなかった文化を発見する」というトピックの場合
　　　　　　　現地地図、その地域の歴史や特徴、外国につながる人や店がある場合は、その地域に人や店が集まることになった背景等の情報を集めさせます。また、実際に現地に足を運んだ際に街を観察する視点や、現地調査の最終目的を決めさせます。
　　　　　　③現地調査／例）「なぜかこの街にはコインロッカーが多い」、「不動産店の前に『外国人OK』の看板があった」など、日頃気づかないようなことを中心に調査させ、この際、メモや写真などに記録させるとよいでしょう。
　　　　　　④まとめ／現地で調査したものをまとめるだけで終わらせずに、疑問点や問題点などを考える。「なぜ」という問いをグループで立て、その「なぜ」を探究させて、自分たちなりの解答をレポートや模造紙にまとめて発表してもらいます。

指導のポイント

- 「文化とは何か」を分かりやすく伝えたい。ここでは「生きるための工夫」と定義している。その文化を構成する要素には、衣食住や宗教・価値観、または娯楽やスポーツなどが含まれる。日本で生きていくために工夫された価値観の例として、人口の9割近くが農民だった日本では「個人主義」よりも「集団主義」が根づいたことなどを挙げてもよい。

- 文化の変容を学ぶにあたっては、言語と食が分かりやすい素材であるが、その他宗教・価値観や娯楽・スポーツなどを扱ってもよい。特定の文化要素を受容してからの変化の様子（そのまま受け入れ・日本風にアレンジ等）を追求させて、「日本人はアレンジが得意」「受容したからこそ文化が豊かになった」など、多くの気づきに導きたい。

- 「文化の運搬者」には、お雇い外国人、宣教師、留学生、海外赴任者、旅行者などから、最近ではテレビやインターネットなどのスピードの速いメディアがある。生徒自身も文化の運搬者になる可能性が十分あることを意識させたい。

参考文献：平野健一郎『国際文化論』東京大学出版　2000年／文化庁「国語に関する世論調査」
　　　　　NHK放送文化研究所調査部「日本人の好きなもの」2008年

（幸田雅夫）

3
知ろう、知らせよう
日本の不思議・魅力
－ 日本の文化 －

I. 私たちから見た日本

私たちは日本の文化をどの程度理解、認識しているでしょうか。例えば、私たちが考える日本の魅力にはどのようなことがあるのでしょう。また、世界から注目されている「日本文化」について私たちはどの程度知っているのでしょうか。まずは私たちが日本を知ることで、世界とのつながりや他文化との差異や共通点が見えてきます。少しだけ意識のアンテナを高くすることで、問題意識や疑問を持つことができるのです。そのきっかけとして、ここでは以下のガイドに沿って「私たちから見た日本」を考えてみましょう。

■ 文化とは何か？

「文化」の対立概念は自然です。つまり「文化」は、自然に対して人間が何らかの行為を行ったものということになります。

木は自然ですが、それを植え替えたり、刈り込んだりしたら、それは「文化」ということになります。

❓ 考えてみよう

❶ あなたが考える日本・日本文化の魅力を書き出してみよう。
❷ あなたが思いつく、日本・日本文化の不思議を書き出してみよう。
❸ 他の人が書いたものの中で、あなたが最も興味を抱いたものを1つ挙げてみよう。

■ ヒント

不思議や疑問は意外と出にくいものです。それは私たちが「そういうものだ」「当たり前だ」という認識をしてしまっているからです。WEB上に「my Japan」というホームページがあります。学生が海外で日本について聞かれた時、「フジヤマ」「テンプラ」しか出てこなかった経験から立ち上げた、日本の魅力とは何かということをもう一度きちんと考えるというサイトです。http://my-jpn.com/

■ **Work1：様々な視点から「日本の魅力・不思議」に気づく**

日本に住んでいる私たちの間でも、日本に対する考えが皆同じだとは限りません。そこで、まずは私たちが抱いている「日本に対する意識」を様々な視点から見てみましょう。

❶ 生活（衣・食・住）、遊び、行事、芸術・芸能、スポーツ、宗教、神話・伝説など様々なジャンルで思いつく「日本の魅力・不思議」を自由に挙げてみましょう。

❷ 各自が挙げたものを付箋に書き出して、グループ内で共有してみましょう。

❸ 次に、グループ内で出たものを、意味の似ているカテゴリーに分けてみましょう。その際、様々な「カテゴリー」が考えられますが、例えば「魅力」と「疑問」に分けて、更にその中で「食べ物」や「行事」などに細分化してみてください。できるだけ他のグループが思いつかないような「カテゴリー」に分類することを心がけましょう。

❹ グループでの分類が終わったら、発表できるように簡単にまとめてみましょう。発表の際には、グループ内で多く出た「魅力や不思議」だけではなく、「日本に対する意識」の共通点・相違点という視点からグループで話し合ったことを伝えましょう。

■ **Work2：What is "Wa"？**

和物・和服・和柄・和食器…「和」という言葉がつくものは色々ありますが、私たちは一体どのようなものを「和」だと感じるのでしょうか。

例えば、ウサギの絵「ピーターラビット」は「和」ではないけれど、お茶碗に描かれているウサギは「和」だと感じませんか？その差は一体何なのでしょうか。また、ゴッホの「ひまわり」は「和」ではないけれど、浴衣に描かれているひまわりは「和」だと感じるかもしれません。ここでは、Work1を参考に、まずは「和」と「和以外」に共通して現れるものを出し合い、それをグループ内で話し合いながら「和」・「和じゃない」ものに分類してみましょう。その際、「和」と「和以外」の差について、各自がどのような視点から「和」と「和以外」の区別をするのかを確認し合いましょう。

■ ヒント

「和」と「和以外」に共通して現れるものの例として、「夏の花火大会」と「独立記念日の花火」、「スカーフ」と「手ぬぐい」、「アジの干物」と「スモークサーモン」、「湯呑茶碗」と「ティーカップ」などが挙げられます。

Ⅱ. 外から見た日本

外国の物や習俗をみて、文化の違いを感じたことがある人も多いのではないでしょうか。

例えば、日本のドアは外開きですが、外国は内開きが多いようです。海外の刑事ドラマなどで、ドアを蹴飛ばして突入するシーンを見た記憶がありませんか？玄関のドアであれをできるところは、日本国内の一般家庭にはまずなさそうです。これは当然玄関で靴を脱ぐという習慣によるものですが、この靴を脱ぐという、我々からすれば外国人も知っているだろうと思う習慣に驚く外国人もいるはずです。このように、私たちが思うほど日本という国のことは外国に知られていないのが現状です。

■ 世界に認められる日本

日本が世界からどのように見られているのかを考えた時、正しく理解されていない文化が多いことは確かでしょう。しかし一方では、世界が認めるものも多くあるはずです。ここでは、歴史上、そして現代になってからの「世界に認められた日本」を考えてみましょう。

下に挙げた世界遺産と浮世絵は、「世界が認めた日本」のほんの一例です。もちろん日本から世界に発信できる文化、発信すべき文化は他にも多くあるはずです。Ⅰで行ったworkを参考に、個人やグループで考え、話し合ってみましょう。

世界遺産

2011年6月に、中尊寺と小笠原諸島が世界遺産に登録されましたが、何が評価されているのでしょうか。日本にある世界遺産をいくつ

? 考えてみよう

❹ 日本にある世界遺産を1つ取り上げ、それが世界で評価された理由をあなたの言葉で説明してみよう。
❺ 歴史上、世界に認められた日本の文化を3つ挙げてみよう。
❻ 現在、世界から注目されている日本文化を1つ挙げ、注目されている理由を書いてみよう。

2011年6月に登録された平泉の中尊寺

知っていますか。世界から評価され、世界に誇るべきものがあるのなら、まずは私たちがきちんと理解したいものです。

浮世絵

　知っているようで意外と知らない日本文化のひとつが浮世絵ではないでしょうか。実は、フルカラーの版画は世界で初めてのものだったのを知っていましたか。ゴッホ・ルノワール・モネ・ゴーギャンなどの世界的に有名な画家たちも、浮世絵に影響を受けているのです。

ゴッホによる浮世絵の摸写

■ 海外から見た日本の不思議

　皆さんの家には、自分専用の箸や食器がありますか。これは当然のことのように思いますが、実は個人専用の箸（フォーク、スプーン）や食器があるのは世界でも珍しいことなのです。

　このように日本人にとっては当たり前のことでも、外国人から見ると違和感を抱くものは多くあります。例えば、蝉の声、風鈴の音、川のせせらぎや草むらの虫の声のような季節を感じる音も、外国の人にとっては単なる雑音にしか聞こえないことが多いようです。

　また、世界中には様々な陶磁器がありますが、日本では「わび・さび」といった日本独特の意識から少しいびつな形の器が好まれたりもします。外国人にとっては「失敗作、壊れている」という印象をもたれることが多いようです。

いびつな形の器や
自分専用の食器は珍しい？

❓ 考えてみよう

❼外国人が思いつきそうな「日本の不思議」を挙げてみよう。グループで考えを共有するとアイディアが広がるので、個人で考えを出した後は、グループでそれらを見せ合ってみよう。

> ■ **Work3：日本の不思議は？**
> 　外国から見た際に不思議だと思う日本の文化や風習を考えて、思いつくものを挙げてみましょう。なぜ相撲取はちょんまげなの？なぜ歌舞伎は顔にペイントしているの？日本の衣服はなぜボタンを使わないの？日本にあって、西洋にないものを予想しながら考えると出てきやすいかもしれません。

Ⅲ. コミュニケーションツールとしての日本文化

　外国人とコミュニケーションをする際、相手に何かを質問してその返答を理解することはできる人も多いでょう。しかし、自分のことをどれだけ相手に理解させられたかについては、自信のない人が多いようです。これでは一方通行で本当の意味でのコミュニケーションとは言えないのではないでしょうか。

　一般に、相手を質問攻めにするのは、自分のテリトリーに入られるのが怖いからだといわれます。この場合の恐怖は「分からないことを聞

かれたらどうしよう」という恐れです。例えば、日本の学校制度についてや、都心の物価、日本の歴史などについて聞かれたらどうしよう、などと考えると少し自信がなくなります。それって、ちょっとさびしくないですか。あなた自身のことも、日本のことも、相手にきちんと理解してもらうためには、少しでも日本のことを知っておく必要があるのです。

■ ニッポン百科事典をつくる

日本についての知識を得るといっても、膨大なものになってしまいます。そこで、まずはコミュニケーションのツールとなる「ネタ」を身近なものから集めましょう。Work1から3で行った日本についての話し合いを元にして、各項目につき1枚などと決めて、各自で簡単にまとめてみましょう。その後、グループやクラスの皆が書いたものをまとめて、「ニッポン百科事典」を完成させましょう。

「百科事典」と言っても、大げさに構える必要はありません。「なぜ日本では玄関で靴を脱ぐの？」や「日本で見かける珍しい自動販売機」などの身近なものから、「歌舞伎」や「相撲」といったものまで、自由にテーマを決めて取り組んでみてください。日本に対する意識や知識が増えるのと同時に、きっと外国の人にも伝えたくなるテーマが見つかるはずです。

■ 折り紙でコミュニケーション

手品が上手な人はコミュニケーションの名人だと言われます。言葉が違っても通じるものを持っているからです。実は、折り紙も最強のコミュニケーションツールなのです。多くの人が小さい頃に折り紙で遊んだ経験を持っているのではないでしょうか。折り紙は外国でも非常に高く評価されています。折り紙協会という団体が多くの国に存在するほどです。

「だまし舟」という折り紙の作品を知っていますか。完成した舟の帆先を持っているはずが、一瞬目を閉じている間に舟の舳先を持っていることになってしまうという不思議な舟です。「だまし舟」を作って遊ぶ際に必要な会話は、「これは舟です」「ここが帆です」「帆を摘んでみてください」「目を閉じて」「3つ数えてください」「目を開けて」「あれ？どうしたのですか？」「私は帆を摘んでくださいと言ったのですよ」「じゃあ、もう1度」などの簡単なもので十分です。これなら英語でもできそうでしょうか。是非挑戦してみてください。

コミュニケーションとは、お互いに会話のやりとりをすることで成り立つものです。相手の文化や相手が抱いている日本観を聞く（take）だけではなく、積極的に日本について相手に伝え（give）たいものです。これが「コミュニケーションは『Give and Take』だ」と言われる所以なのです。

■ ヒント「作り方の順序」

❶ Work1から3を参考にして、クラスやグループで日本の文化や習慣の項目を挙げて担当者・様式・期限を決めます。
❷ 各担当者が項目について調べてまとめます。
❸ 皆が調べたものを見直してから1冊にまとめます。

人数分のコピーをすれば、各自が1冊の百科事典を持つことができます。この「百科事典」は、これからのコミュニケーションツールとして活用できるものになるはずです。

生徒手作りの「百科事典」

英語で折り紙に挑戦

参加型学習の活用ポイント

「親和図法」を活用 (本書16ページを参照)

テーマ例： 私たちから見た日本

トピック例： 日本の魅力・不思議を発見

方　　法：
① 5〜6名のグループに分かれ、各自付箋に「日本の魅力」「日本の不思議」を書き出してもらいます。この際、「外国に発信したい」や「外国人が不思議に感じるであろう」などの視点を設定すると良いでしょう。「日本の不思議」を挙げる際は必ず「なぜ」から始まる文章にするなど、ルールを決めると書きやすくなる場合もあります。

② 各自2枚ずつ書いた時点でアイディアを共有し、カテゴリー分けの作業に移ります。中グループとして「魅力」と「不思議」を作り、更にその中で「価値観」「物」「場所」「芸能」等のタイトルをつけた小グループを作っていきます。

③ いくつかできあがった小グループのタイトルについて更にアイディアを出し合い、各小グループについて4〜5つのアイディアが出た時点で終了します。

④ 各グループ、模造紙に付箋を貼りつけるか、改めて記入するなどしてアイディアを図解させます。まとめたものを発表する際は、例えば「魅力に関しては多く出たが、不思議に関してはあまりアイディアが出なかった。このことから、私たちの日本文化に対する意識は…」のように、まとめたことからの新たな発見や気づきを盛り込むように指導するとよいでしょう。

指導のポイント

- 「日本文化」と聞くと、能や歌舞伎等の伝統文化や、寿司やてんぷらなどの食べ物を思い浮かべがちだが、生活に関連するものすべてを包括的に考えさせたい。（本書46頁参照）

- 「外から見た日本」を扱う際は、留学経験がある生徒が外国に対して感じたことを参考に聞いても良い。また、ALT など、身近に居る外国人に話を聞くように促すことで、より主体的な学習に発展させることができる。

- 「ニッポン百科事典をつくる」を扱う際は、教科横断的に取り組むのが理想である。例えば、社会では地理歴史や政治、国語では文学、英語では言語、家庭では食、保健体育では健康、理科では環境というように、各科目なりのアプローチの仕方が考えられる。学年で夏休みの宿題として調べ学習をさせるのもよい。

(諸岡英明)

4
豊かさの基準
― 地球規模で考える在り方・生き方 ―

I. 世界を見る2つの基準

　私たちは、ある事物を見る際に様々な要素を基準にします。例えば、りんごを見る時には、色や大きさ、またはいかに整った形をしているのか、どのくらい甘いかなどの要素を基準にするでしょう。また、車を見る時には、形、色、値段、または燃費の良し悪しなどを基準にすることでしょう。同じように、私たちが世界を見る際にも、いくつもの基準が存在するのです。ここでは、世界を見る際に私たちが用いる様々な基準の中から、2つを取り上げて世界を眺めてみましょう。

■ 国内総生産（GDP）

　下の図は、国別の経済規模（GDP）にそって国境線を変形して描いた世界地図です。出所となった世界銀行の「2009年世界開発報告書」では、この図に「市場は世界をどう見ているか」という表題をつけています。日頃私たちが目にする世界地図と比べるとかなりいびつな形をしていますが、「経済」を基準に世界を見てみると、例えば、北半球の国々が大きくて南半球の国々が極端に小さいことが見て取れます。

市場は世界をどう見ているか（世界各国のGDP規模をマップ化）

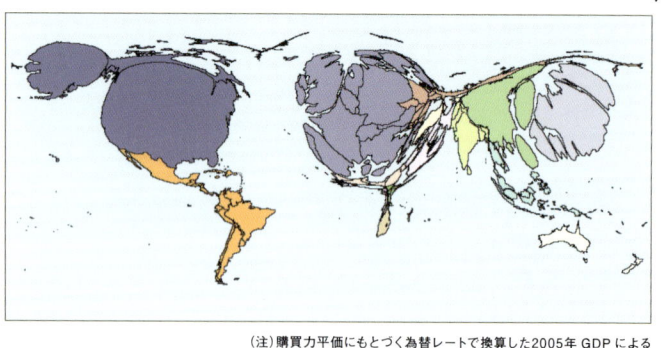

(注) 購買力平価にもとづく為替レートで換算した2005年GDPによる
(資料) World Bank, World Development Report 2009

　この地図のように経済だけを基準に世界を見ると、各国間の差が一目瞭然です。ここでは、どの地域の国々が経済的に豊かで、どの地域の国々が経済的に豊かではないのかを見ることになりましたが、次に「GDP」に他の要素を加えて世界を見る基準を紹介します。

■ 人間開発指数（HDI）

　パキスタンの経済学者であるマブーブル・ハックは、「開発の目的とは、人々が、長寿で、健康かつ創造的な人生を享受するための環境を創造することなのである」と考え、1990年に人間開発指数を作りました。HDIは、平均寿命、教育（識字率＋就学率）、国民所得（1人当たりGDP）の3つの要素から各国を測ろうとするもので、経済中心

■ **GDP**
　Gross Domestic Product の略。一年間に国内で生産された付加価値の合計。2010年の統計では、1位米国、2位中国、3位日本となっています。（調査国182ヵ国）

? 考えてみよう

❶ 右の地図から日本とアフリカを探してみよう。
❷ 世界の中で日本はどのような存在と見られているのか、右の地図を参考にして考えてみよう。

■ **HDI**
　Human Development Index の略。「1人当たりのGDP」、「平均寿命」、「教育」という3つの指標を平均値で表したもの。教育指数には成人識字率と総就学率が含まれる。

のGDPに代わる、より人間性を加味した指標といえます。下の表は、2010年のHDIランキングです。

順位	国	順位	国
1	ノルウェー	89	中国
2	オーストラリア	—	—
3	ニュージーランド	—	—
4	米国	119	インド
—	—	—	—
10	ドイツ	—	—
11	日本	167	ニジェール
—	—	168	コンゴ
26	英国	169	ジンバブエ

HDI（人間開発指数）ランキング2010
調査国169カ国から抜粋

この表を見ると、ランキング上位には先進国の名前が並んでいます。やはり、経済的に「豊か」な国こそ平均寿命も長く、また教育制度もしっかりしていると言えるのかも知れません。ただし、経済を基準とするGDPでは2位となっている中国は、「平均寿命」と「教育」という要素が加わった場合89位となっています。この背景には、国内における格差が関係しています。経済活動が盛んな都市部と、教育や衛生環境などが整っていない農村部を平均化した結果だと考えることができます。このように、HDIは一国における経済・寿命・教育の全体的バランスを加味した指標なのです。

II. 世界を見るもうひとつの基準

これまで、私たちは2つの基準：GDP（経済中心）とHDI（経済・平均寿命・教育）で世界を見てみました。ここでは、上記2つとは少し違った観点から世界を見てみましょう。

■ 国民総幸福量（GNH）

国の力や進歩を「生産」ではなく「幸福」で測ろうとしたのはブータンのワンチュク前国王でした。これは、「GNHはGNPよりもより大切である」という同国王の1972年の発言に端を発しています。GNHとは「経済発展は南北対立や貧困問題、環境破壊、文化の喪失につながり、必ずしも幸せにつながるとは限らない」という考えから、経済や物質的な豊かさではなく精神的な豊かさを中心にした指標なのです。

2006年、英国レスター大学の社会心理学者エードリアン・ホワイト氏は、国際連合教育科学文化機関（UNESCO）や世界保健機関（W

? 考えてみよう

❸ 同じ年のGDPランキングでは3位の日本が、HDIでは11位になっている理由を考えてみよう。

❹ HDIランキングで1位のノルウェーは、同じ年のGDPランキングでは25位です。ノルウェーがHDI1位になった理由を調べてみよう。

■ヒント：HDIの指標のうち、「教育」の中の「総就学率」について詳しく調べてみよう。

■ GNH
Gross National Happinessの略。以下の9つを指標としている。

1. 心理的幸福
2. 時間の使い方とバランス
3. 文化の多様性
4. 地域の活力
5. 環境の多様性
6. 良い統治
7. 健康
8. 教育
9. 生活水準

HO) など各種国際機関の100種類以上のデータを分析して「GNHランキング（国民の幸福度順位表）」（178カ国対象）を発表しました。以下は、そのランキングです。

> **やってみよう！**
>
> ❶ 右のランキング表から気になる国を選び、グループ内で担当者を決めてその国の生活について調べてみよう。調べた後、各国についての情報をシェアすると、たくさんの国について知ることができるので、ぜひやってみよう。

GNH（国民総幸福量）ランキング2006				
順位	国	順位	国
1	デンマーク	41	英国
2	スイス	―	―
―	―	82	中国
5	バハマ	―	―
―	―	90	日本
8	ブータン	―	―
―	―	―	―
14	マルタ	176	コンゴ
―	―	177	ジンバブエ
23	米国	178	ブルンジ

調査国178カ国から抜粋

　上の表から分かるように、経済大国である日本は国民総幸福量では90位になっています。これを9つの指標（前頁右下参照）と照らし合わせて読み解いた場合、皆さんはどんなことを考えますか。指標のうち、「心理的幸福」には日常的にストレスを感じるか、「時間の使い方とバランス」には睡眠時間や働く時間、「教育」には民話の知識などがそれぞれ含まれています。

　このように、GNHとは、経済的に発展することが直接的に国民の幸福につながるという考え方ではなく、日常生活の中で勉強や仕事によるストレスを感じることや、自文化に対する知識などを総体的に捉えた指標なのです。

III. 豊かさの基準

■ MTVネットワークスの調査対象国：アルゼンチン、ブラジル、中国、デンマーク、フランス、ドイツ、インド、インドネシア、日本、メキシコ、南アフリカ、スウェーデン、イギリス、アメリカ。

　MTVネットワークスが、世界14ヵ国、計5,200名の8歳から34歳までの子どもと若者を対象に6ヵ月間にわたって行った幸福に関する調査があります。「今の状況は幸せですか」との質問に対する回答をグラフで表したのが次頁の図です。

●

　この調査では14カ国のうち、日本は「今の状況は幸せだ」と答えた割合が最も少ない国でした。皆さんだったら何と答えましたか。仮に、物やお金の豊富（豊か）な状態が「幸せ」だとしたら、ほとんどの日本人が「幸せ」な状況にあると言えるでしょう。しかし、上記の調査のように、経済的にも物質的にも「豊か」なはずの日本の子どもや若者

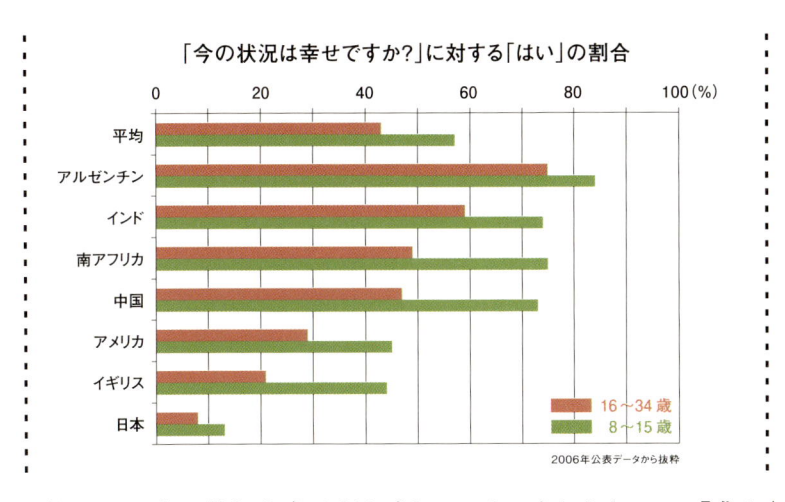

「今の状況は幸せですか?」に対する「はい」の割合

（グラフ：平均、アルゼンチン、インド、南アフリカ、中国、アメリカ、イギリス、日本／16～34歳、8～15歳）

2006年公表データから抜粋

の約90%が今の状況を幸せだと感じていないとしたら、この「豊か」というものの本質はどこにあるのでしょう。

●

　「豊か」とは一体どのようなものなのでしょうか。最後に、GDP、HDI、そしてGNHという3つの「世界を見る基準」を知った皆さんに、「豊かさ」について考えてほしいと思います。

　下の図は、GDP、HDI、GNHのランキングを1つにまとめたものです。この図を参考にして、「豊かさ」とは一体何か、という問題の答えを考えてください。ただし、これには正解はありません。個々人によって考え方は違うと言ってしまえばそれまでですが、大切なのはあなたがどう考えるか、なのです。

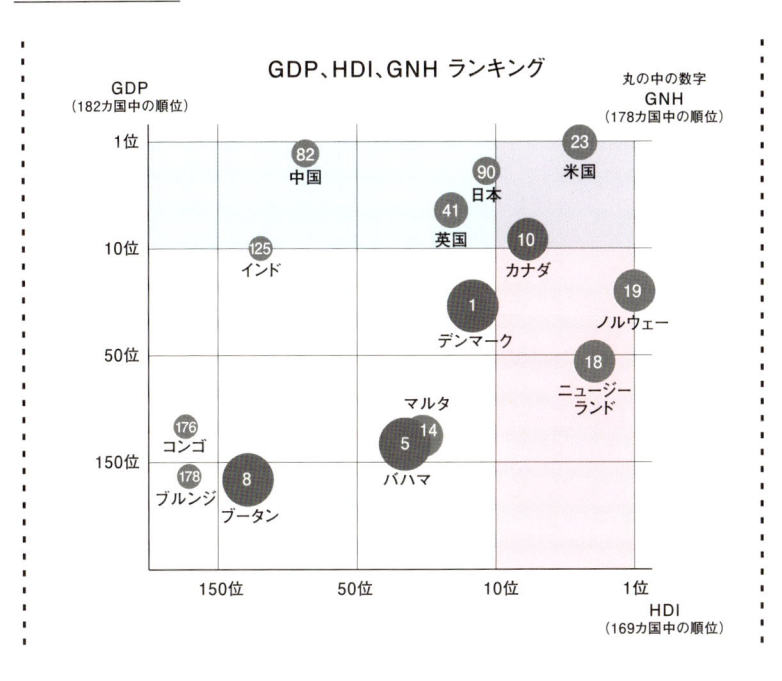

GDP、HDI、GNHランキング

GDP（182カ国中の順位）／丸の中の数字 GNH（178カ国中の順位）／HDI（169カ国中の順位）

中国 82／米国 23／日本 90／英国 41／インド 125／カナダ 10／デンマーク 1／ノルウェー 19／ニュージーランド 18／マルタ 14／バハマ 5／コンゴ 176／ブルンジ 178／ブータン 8

❓ 考えてみよう

❺「豊か」とは一体どのようなものでしょうか。あなたなりの「豊かさの基準」を9つ書き出してみよう。

■ヒント：「お金があること」「友人が多くいること」「健康であること」「夢があること」「携帯電話があること」「自分の部屋にテレビがあること」「信頼関係があること」など、身の回りのことから考えてみよう。

❗ やってみよう！

❷ 上で書き出した9つの「豊かさの基準」を付箋やカードに書き写し、あなたが重要だと考える順に並べてみよう。他の人のカードや、並び順も見てみよう。

61

参加型学習の活用ポイント

「ランキング」を活用 (本書17ページを参照)

テーマ例： 豊かさの基準

トピック例： 自分にとっての豊かさの要素（本書61頁「考えてみよう」⑤）

方　　法： ① 付箋やカードに、各自が考える「豊かであるための要素」を9つ書き出してもらいます。

② 9枚のカードを、一番上が自分にとって最も大事な要素、一番下が優先順位の低い要素になるようにダイヤモンド型に並べさせます。ここで一度自分のランキングを記録させると良いでしょう。

③ グループ内でカードを見せ合い、共通している要素をまとめてグループで9枚のカードを作らせます。まとめた結果、合計が9枚にならない場合は、追加する要素を考えるように伝えます。

④ グループ内で話し合いながら9枚をダイヤモンド型にランキングし、記録させます。

⑤ 各グループに、どのような話し合いを経てランキングが完成したのかを発表させます。発表の目的は、様々な考え方や価値観があることを認識することで新たな気づきにつなげることなので、発表に対する意見等は特に求めなくても良いでしょう。

指導のポイント

- 世界を見る際に「経済」のみを基準にすると、経済的格差を是正するという論理が働くが、ここでは世界をより相対的に捉えたい。つまり、経済的に豊かである日本だが、国民の多くが「豊か」であると実感している国々から学ぶ（与えられる）ものがあるということに気づかせることで、相互関係にある「地球市民」であるという意識につなげたい。

- 「豊かさ」の基準になる要素を考えさせることから発展させて、例えば「職業を選ぶ際の基準」としてキャリア教育につなげることもできる。その際に想定できる要素として「高収入が得られる」「安定した収入がある」「やりがいを感じることができる」「自分の能力が発揮できる」「世の中のためになる」「自分の夢を実現できる」等が挙げられる。

- 豊かさとは何かを考える授業に一つの「正解」はないので、指導者も生徒と一緒に考えることが望ましい。自分が高校生だった頃の話等を混ぜながら「豊かさとは何か」について真剣に悩む姿そのものが、生徒の学習意欲を喚起するであろう。

参考文献： 国連人間開発計画「人間開発報告書2011」
　　　　　電通総研『世界主要国価値観データブック』同友館、2008年

（幸田雅夫）

5
世界的な問題 と 私
− カードを使って世界の問題と解決策を考える −

※本章で使用するカードは付録CD-Rに収録されています。
グループ分をプリントアウトしてご使用ください。

この地球上には、私たち人類が取り組まなければいけない問題が多くあります。環境問題や格差問題、戦争問題など考えればたくさん思いつきます。ここでは、「地球温暖化」を始点に、それによって引き起こされる世界の問題・課題、さらにはそれら問題・課題の解決策を考えてみましょう。

地球温暖化に起因する様々な問題・課題は、状況や状態が悪い状態で連鎖する「負のスパイラル」に陥っています。その流れをどこかで断ち切るべく、世界では人々が様々な分野で働いています。様々な仕事やキャリアを知り、世界で活躍し、世界に貢献する人物像を考えてみましょう。

■ 地球温暖化に起因する諸問題

以下は、「地球温暖化」を始点にした、世界の問題・課題の連鎖の一例です。地球温暖化という環境問題と、貧困、人口問題などのような社会問題がどのように関連しているのか、していないのかを考えながら work に取り組んでみてください。

> **! 作ってみよう！**
>
> グループで、右の写真のように「地球温暖化」を一番上にして、「負の連鎖」を作成しよう。

負の連鎖

地球温暖化 → ダイナミックな気候変動 → 大雨、大干ばつ → 貧困地域の増加 → 人口の増加 → 人間活動の増加、都市部への人口集中・流入 → 化石燃料利用の増加 → CO₂（二酸化炭素）の増加 → 地球温暖化

「負の連鎖」は、実際にはそれぞれの問題・課題が複雑に絡み合っているのですが、ここではこれを基に話を展開していきましょう。

■ 世界の問題・課題

　「負の連鎖」の各項目には、それぞれ関連する問題・課題があります。例えば、【貧困地域の増加】に関連して考えられる問題としては、「不衛生による病気」などが挙げられます。下に挙げた問題・課題はそれぞれ「負の連鎖」のどの項目で生じると思いますか。また、下に挙げたもの以外にはどのような問題・課題があるでしょうか。

【世界の問題・課題】

食糧不足	労働力不足	資源の奪い合い	不衛生による病気
紛争	エイズ	乳幼児の死亡率増加	エネルギー不足
教育が受けられない	排出権の取引	生物の絶滅	生態系の変化
海面上昇	災害	氷河の消滅	飢餓	臓器売買
人身売買	学校の不足	病院の不足	・・・・・・

排出権の取引:各国家や企業ごとに温室効果ガスの排出枠を定め、排出枠が余った国や企業と、排出枠を超えて排出してしまった国や企業との間で取引する制度のこと。

> **！作ってみよう！**
>
> 「負の連鎖」との関連を考えながら、世界の問題・課題カードを並べてみよう。

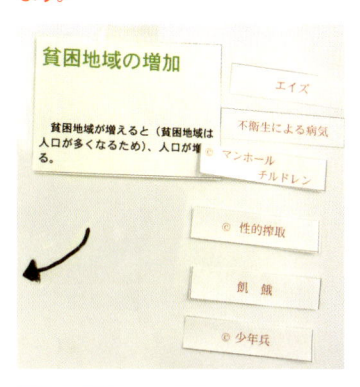

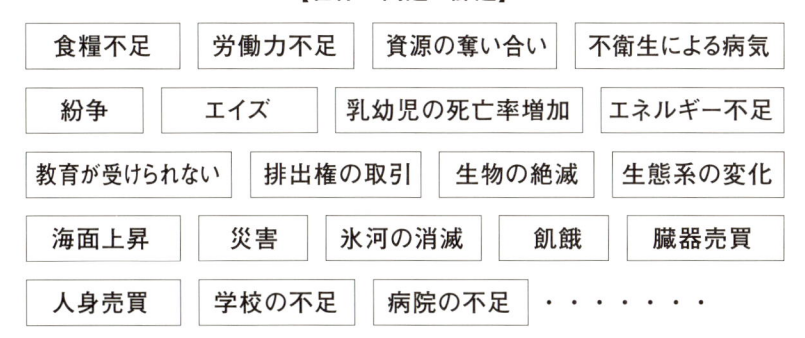

　世界の問題・課題を考える際、私たちは、子どもに関する問題に目を向ける必要もあります。世界には、学校に通えない子どもの問題の他にも以下の例のような問題・課題が存在するのです。

【子どもに関する世界の問題】

児童労働	名誉殺人	マンホールチルドレン	少年兵
長男至上主義	黒孩子(ヘイハイズ)	性的搾取(さくしゅ)	・・・・・・

児童労働:義務教育年齢の子どもなどが、労働に従事すること。人身売買や強制労働などが最悪の形態と言われ、少年兵士も児童労働と認められている。主に貧困が原因とされる。

名誉殺人:名誉の殺人とも言う。女性の婚前や婚外交渉を家族の名誉を汚すものとし、この行為を行った女性の父親や男兄弟が、女性を殺害する風習のこと。

マンホールチルドレン:寒さを防ぐためにマンホールで暮らしている、親から見捨てられた子どもたちのことを指す。また、人口増加によるマンホールファミリーやマンホールアダルトも問題となっている。

少年兵:18歳未満の兵隊を指す。恐怖心を無くすために薬物を投与されることが多い。誘拐され洗脳されるケースが非常に多いが、貧困・飢えから逃れるために兵士になる場合もある。

長男至上主義:結婚して息子を生み育てることが人の義務とされているため、男の子に比べ女の子は幼少時に粗末に扱われる風習のこと。結婚時の持参金が少ないと女性は家庭内殺人により殺されることもある。

黒孩子(ヘイハイズ):一人っ子政策に反して生まれたために、戸籍を持たない子どもたちのことを指す。

性的搾取(さくしゅ):主に児童への性的な行為のこと。開発途上国における児童の人身取引が問題になっている。

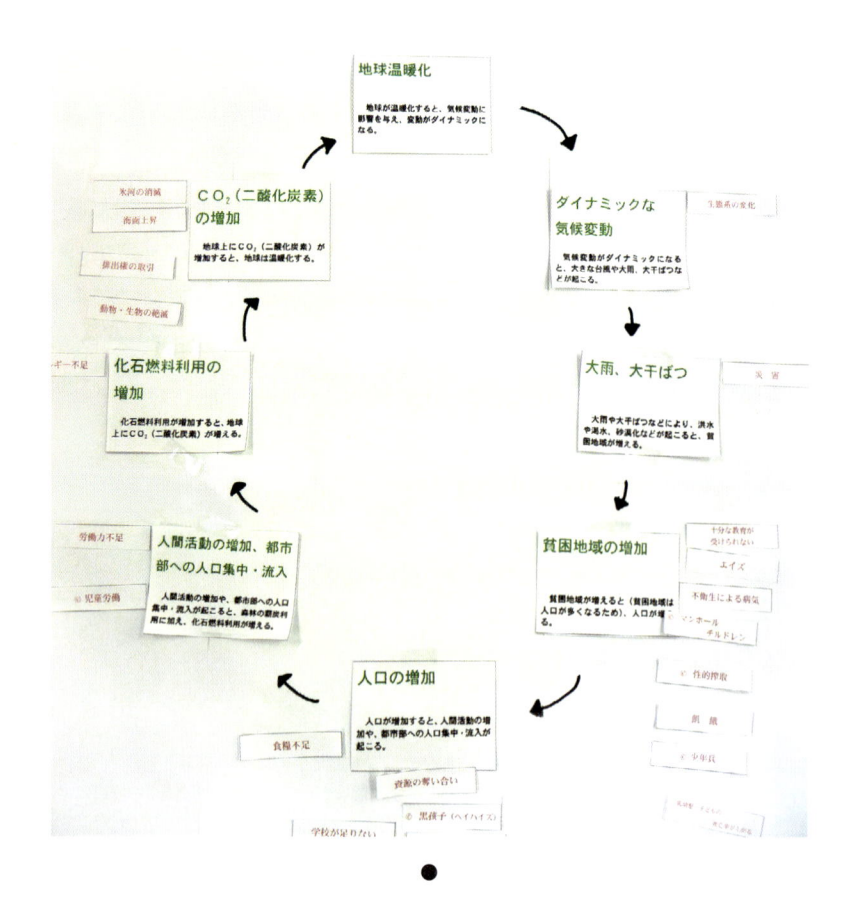

ここまで考えてきた「負の連鎖」は、どこかで誰かが何かしらの働きかけをして断ち切らない限り、繰り返されてしまいます。そこで、「負の連鎖」を断ち切る方法について考えてみましょう。

■ 問題・課題の解決策と職業

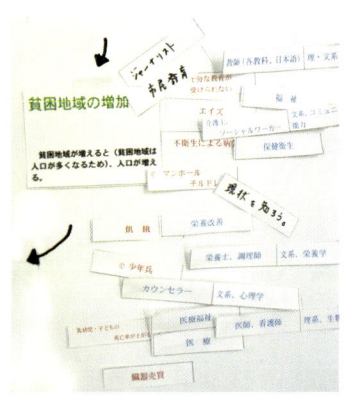

　「負の連鎖」とそれに関連する問題・課題を挙げた私たちは、この現実をただ見つめているだけではいけません。ここでは、各項目とそれに関連する問題・課題に対して、具体的にどのような解決策があり、また解決策を実行するためにはどのような職業があるのかを考えていきましょう。

　例えば、【貧困地域の増加】に伴い、「不衛生による病気」の問題を予防・解決するための方法として、保健衛生の設備を整えることや、正しい知識を伝えることなどが考えられます。また、設備を整えることや知識を伝えるためには、どのような人材が必要となるのかも併せて考える必要があるでしょう。この場合、国際機関の職員や設備建設の専門家はもちろんのこと、公衆衛生を専門的に学んだ保健師の存在も欠かせません。

　具体的な問題に対しての解決策、職業、専門知識を考えてみることは、自分の将来像をイメージすることにもつながります。次のステップ

! 作ってみよう！

世界の問題・課題を解決するために必要なことを考えて、解決カードと職業カードを並べてみよう。

として、私たちが取れる行動を具体的に考えてみましょう。世界の課題を、「どこかの国で起きている問題」としてではなく、「地球市民（グローバル市民）」の一人として「自分にも関係のある課題」だと受け止めて考えてみてください。

【解決策と職業（分野と専門知識など）】

解決策	職業	必須科目や専門知識の例
栄養改善	栄養士、調理師	栄養学
福祉	介護士	コミュニケーション能力
医療	医師、看護師	生物
土木建設	測量士、設計士	機器操作
生態系保護	生物学者、獣医師	生物
食糧援助	国際連合職員	語学

> **❓ 考えてみよう**
>
> ❶ 左の表を参考に、世界の問題や課題に対する解決策等を考えて、空欄に書き込んでみよう。

このように、具体策と併せて具体的な職業、更にその職業に就くために必要な分野・科目・スキルを考えてみることで、「いつか誰か」がするのではなく、「自分にも」できることを意識してみてください。

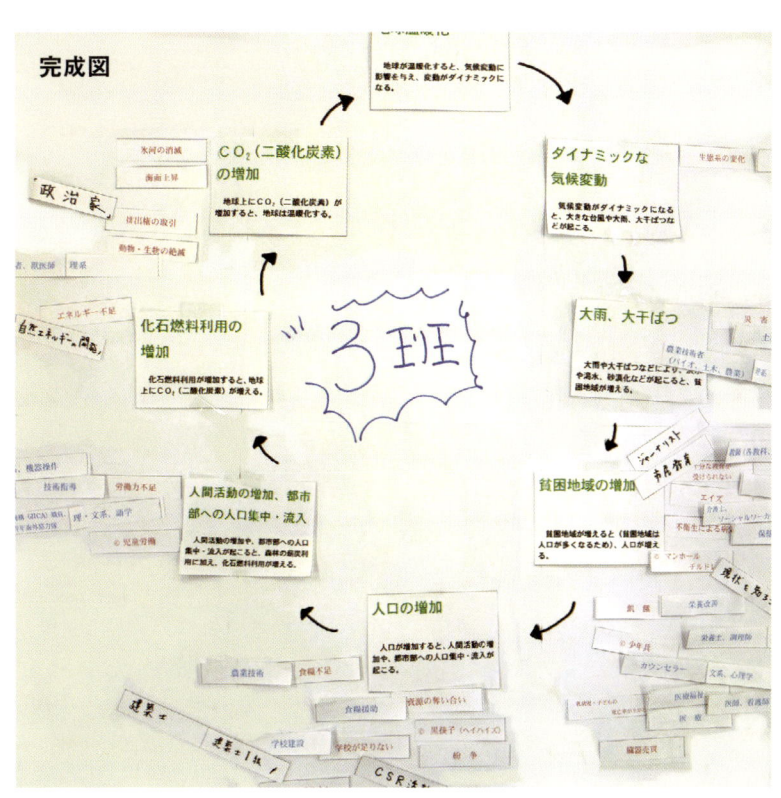

67

参加型学習の活用ポイント

「プランニング」を活用 (本書25ページを参照)

テーマ 例： 世界の課題解決

トピック例：「実現可能な解決策」

方　　法：① 地球温暖化に起因する諸問題カードを並べ、状況や状態が悪い状態で連鎖する「負のスパイラル」に陥っていることを確認させます。

② 世界の問題・課題をウェビング（本書18頁）等の手法を使い、挙げてもらいます。問題・課題カードを使いますが、新たな問題・課題を追加してもらいます。

③ それぞれの問題や課題に対する解決策を考えさせます。解決カードと職業カードを使いますが、新たな解決方法を見つけて追加させます。その際、「自分にできる、できない」に関係なく、各問題・課題の解決に有効な策を挙げるように伝えます。また、グループ内で「あなたにはこんなこともできるのでは」「こんな方法で解決の役に立てるのでは」などと話し合いながら進めるのもよいでしょう。

④ 各グループに、どのような話し合いを経て図が完成したのかを発表させます。発表の目的は、グループが複数あった場合にそれぞれのグループでの考え方や価値観を共有することなので、発表に対する意見等は特に求めなくてもよいでしょう。

※グループ作業で終わることも可能ですが、完成した図を基に以下のような個人のキャリア学習につなげることができます。

⑤ 興味を持った「世界の問題・課題」や「解決策」、「職業」を選び、一覧表にしてもらいます。（67頁参照）

⑥ それぞれの解決策を実行できる職業と、その職業に就くために必要な知識や学習分野を書き入れてもらいます。

⑦ 各自の興味関心に近い職業を選び、その職業に就く過程と職業に就いてからの行動を計画してもらいます。仮想的になってしまう場合もありますが、重要なのは一度各自が具体的な計画を立ててみることです。

指導のポイント

● 本章のアクティビティは世界の課題・問題の一例を用いているが、これを身近な問題に当てはめて進めるのも良い。例えば、学校の問題や地域の問題などについて話し合う際にも有効である。

● 「子どもに関する世界の問題」を扱う際には、特に性的な問題が関連することが多いので、生徒の年齢などを考慮する必要がある。また、特定の国や宗教に関するトピックについても誤解や偏見につながらないよう十分な配慮をするべきである。ただし指導者は、世界の事情を「現実」として伝え、学ばせることが真の理解につながることを認識しておくべきでもある。

● 世界の問題・課題の解決策を考えさせることは、生徒の進路を考えさせる手助けになることがある。このような学習をキャリア教育の一環で行うことも有効である。

（菊地格夫）

6 食料自給率の背景と世界の関係

― ヨルダンの砂漠や死海の海水が日本の作物を育てている ―

Ⅰ. 日本の食料自給率と農業

■ 1. グラフを見て考える食料自給率

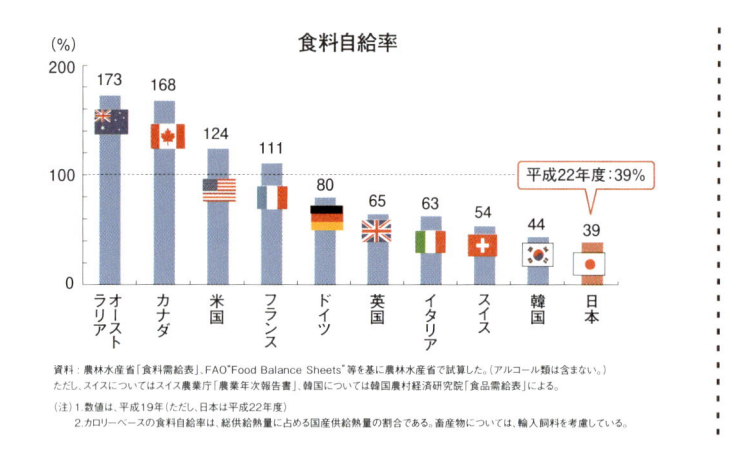

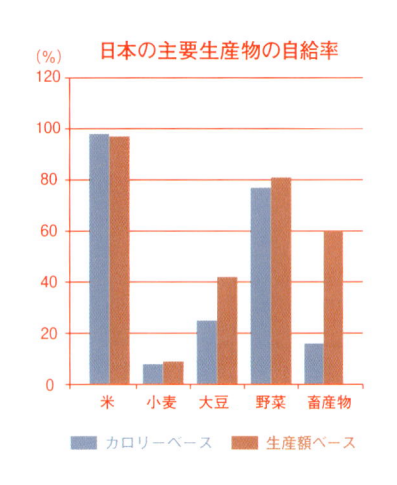

安全性や国内食料自給率の問題から、輸入野菜や穀物の問題が取り上げられます。日本におけるカロリーベース自給率は39％です。先進国の中では最低水準ですが、生産額ベースでは70％になります。主要な生産物の国内自給率をグラフで見てみると、実は米食の減少と畜産品食の増加に伴う食生活の変化によって、生産額ベースでは米と野菜の食料自給率も80％を超えていることがわかります。

それなら安心と思いませんか。

■ 2. 農業とリン鉱石

ところが、日本における畜産物の生産額ベース自給率が60％であっても、輸入飼料で生産された場合は国産とみなされないために、カロリーベースでは16％にまで減少します。また、米・野菜・穀物を栽培するためには肥料が必要です。植物が生育・成長するためには窒素（N）、リン（P）、カリウム（K）、カルシウム（Ca）、マグネシウム（Mg）、鉄（Fe）など16の必須元素があり、主に土壌中から摂取しています。このうち外部から補給すべき養分として最も重要なのは、窒素（N）、リン（P）、カリウム（K）で、肥料の三要素と呼ばれています。なお、リンは、骨や歯の成分でもあります。

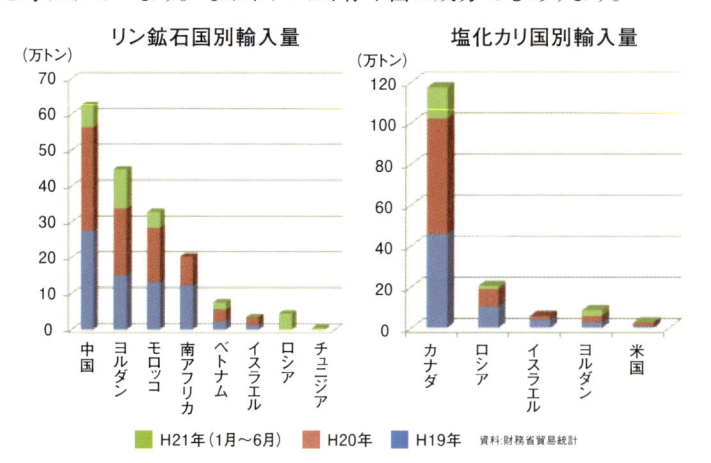

国内で使用される化学肥料は、リン鉱石、カリ鉱石等の鉱物資源を原料としており、そのほとんどが輸入に頼っているのです。リン鉱石の生産は米国（輸出停止）、中国、モロッコ等上位6カ国で90％、塩化カリの輸出可能国はカナダ、ロシア、イスラエル、ヨルダン等の数カ国に限られています。

Ⅱ．世界情勢とリン鉱石

■ 1. 肥料価格の高騰

世界の人口は2011年で70億人ですが、2050年には91億人にまで増加する予想です。世界の人口増加や食生活の変化に伴う穀物需要の増加により、肥料需要も増加することが予測されます。世界の人口が91億人になったときに日本の食料は安定して供給できるのか考えてみる必要があるでしょう。開発途上国の発展に伴い、各国でも穀物から肉食を中心とした食生活に変化していきます。また、農産物を原料として生産されるバイオ燃料の増産も起こります。これが肥料価格高騰の要因となります。

●

ここで2008年に起こった、肥料価格高騰のグラフを見てみましょう。肥料需要が年々増大する一方で、リン鉱石に対して中国が既存の輸出関税に加え、100％の特別関税を実施（2009年7月に廃止）、また米国は1990年後半からリン鉱石の輸出を除々に停止しました。これにより、世界中で肥料の原料供給ひっ迫感への懸念が高まると同時に、米国、ブラジルなどでバイオ燃料向け穀物の増産、ロシアのカリ鉱山の水没、鉱山事故など複数の要因が加わり、原料輸入国による買い急ぎが過熱しました。

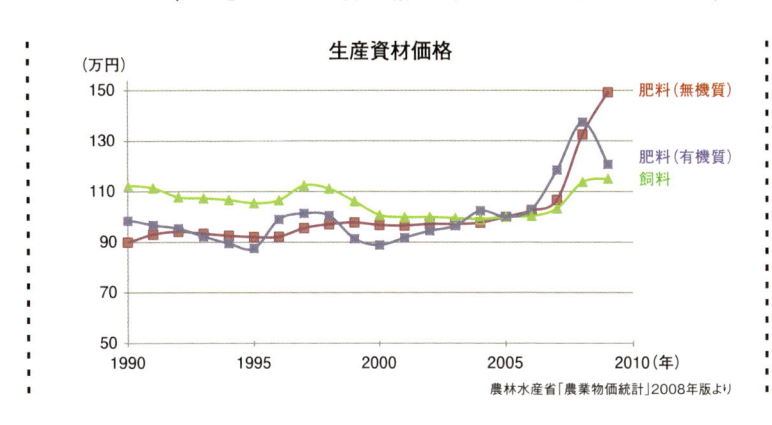

●

今後人口の増加とともに肥料資源の争奪戦が激しくなるのは必至です。肥料に用いられる鉱物資源は、いま話題のレアメタルにも匹敵する重要な資源なのです。

■ 2. ヨルダンのリン鉱石

リン鉱石等の輸出が多いヨルダンに注目してみましょう。
「ヨルダンの砂漠や死海の海水が日本の作物を育ててきた」ことを知っていましたか？輸入作物でなく、日本国内で自給されている作物です。日本

？ 考えてみよう

❶ 米食が減少し、日本の伝統的な食生活が欧米的に変化してきたことをどう思いますか。

❷ 米も、野菜も自給率は高いのに、それを育てる肥料原料をほとんど輸入に頼っていることを知りどう思いましたか。

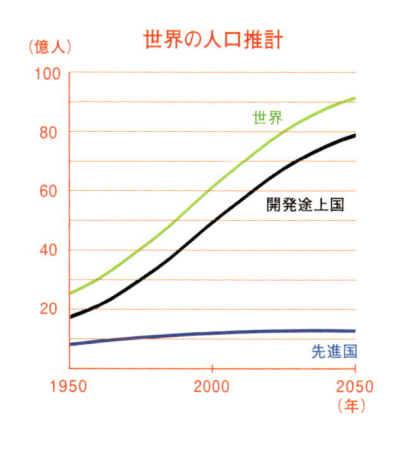

砂漠のなかでのリン鉱石採掘鉱山

人が毎日食べている作物の多くは地質時代にできたヨルダンの養分を吸収して育ってきたのです。純国産の肥料はありません。

●

リン鉱石の多くは古代の動植物や微生物が起源となった鉱床に存在します。米国、モロッコ、ヨルダン等に多く分布しています。現在は砂漠ですが、地質時代に多様な生命が栄えた証拠でもあります。

ヨルダンというと何を思い浮かべるでしょうか。

ヨルダンの国土は日本の1/4の広さで、8割以上が未利用の砂漠や荒地です。周辺の中東諸国と違いヨルダンでは原油が採取できません。しかし、国土の60%がリン鉱石のため、砂漠から大量のリン鉱石を採取できるのです。

■ 3. ODAとヨルダン

日本はODAで、ヨルダンを積極的に支援しています。それはヨルダンの安定がイラクの復興と中東地域の安定に欠かせないからです。

アカバ湾に面した土地で肥料を作り、日本に直接送っている「日本ヨルダン肥料会社」があります。同社は、複数の日本企業とヨルダンの政府系企業であるヨルダン燐鉱公社によって1992年に設立された合併企業です。

しかし、ヨルダン燐鉱公社が2006年に民営化されると、日本は国際価格競争に負けて、リン鉱石を買うことができなくなってしまったのです。リン鉱石を全量輸入に依存している日本にとって、ヨルダンに対して積極的なODA支援を行うことは、リンなどの輸入原料を主体とする化学肥料の調達に必要な政策のひとつでもあると言えるでしょう。

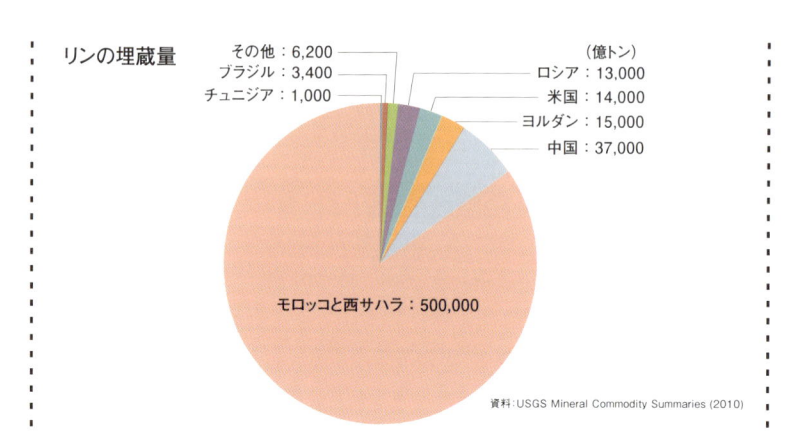

アカバ湾のすぐ横の肥料工場

リンの埋蔵量 （億トン）
- その他：6,200
- ブラジル：3,400
- チュニジア：1,000
- ロシア：13,000
- 米国：14,000
- ヨルダン：15,000
- 中国：37,000
- モロッコと西サハラ：500,000

資料：USGS Mineral Commodity Summaries (2010)

? 考えてみよう

❸日本はヨルダンやモロッコに積極的にODA活動を行なっていますが、ODAを今後どのように進めるべきか資源との関連で考えてみよう。

ヨルダン以外のリン鉱石の埋蔵量はどうでしょうか。これを見ると、群をぬいて埋蔵量の多い国はモロッコと西サハラで、次が中国、そしてヨルダンと続いていることが分かります。

Ⅲ. 循環型社会を考える

もちろん、リン資源のリサイクルも行われています。国内の下水汚泥には、輸入するリン資源量の12〜16%に相当するリン酸が含まれています。

これらのリン酸を回収して有効活用を図ることが重要です。生活排水から出るリンは水環境問題のひとつである富栄養化をもたらしてしまうため、排水からのリン除去は水環境の改善にも役立ちます。

岐阜市は2010年に「リン回収施設」を建設しました。下水汚泥焼却灰を原料とし、肥料となるリン酸カルシウムを製造する施設です。焼却灰1,000トンから500トンのリン酸カルシウムを製造することで、循環型社会の構築を目指しています。しかし、産業として成立するためには、リン回収コストと原料輸入コストの比較となります。ただし、回収によって、水環境の良化が見込まれ赤潮やアオコの発生が抑えられることを考えると、コストの単純比較だけで考えることはできません。施設でのリン回収プロセスに最低限必要なコスト単価はおよそ30,000 円/トンと算出されています。

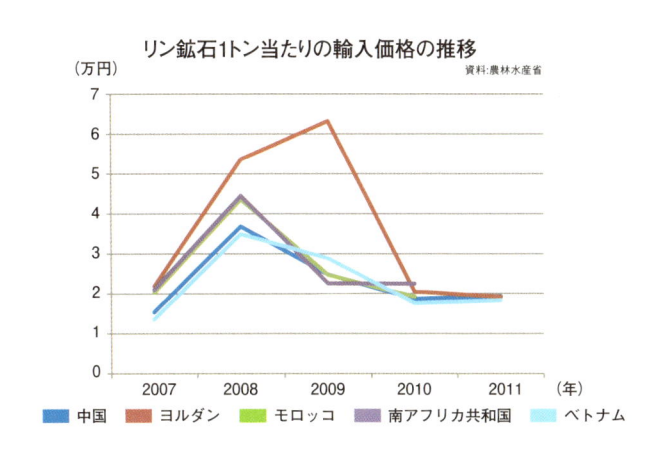

リン鉱石1トン当たりの輸入価格の推移を主要産出国別にグラフで見てみると、2007年から2008年は、前述の通り価格が上昇していますが、2010年には落ち着いてきているのが分かります。1トン当たりの輸入価格が、リン回収施設で最低限必要とされる回収コストに近づいています。他方で、下のグラフを見るとリン鉱石の総輸入量が年ごとに減ってきていることも

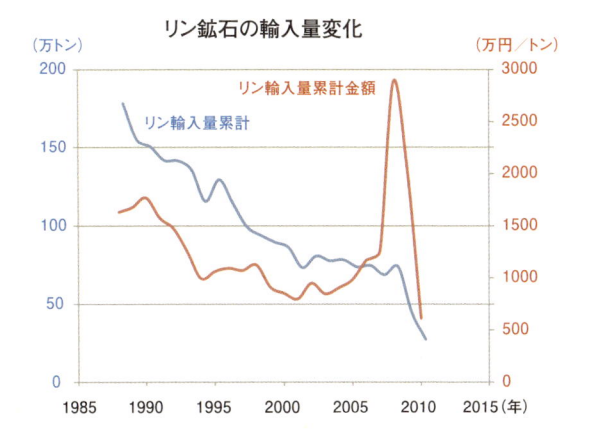

わかります。これは、日本での耕作面積の減少だけでなく、土壌診断技術の進歩によって効率的な施肥方法が可能となり、施肥量の節減を行うことで全体として肥料コストを低減してきたからです。しかし、耕作面積の減少と自給率を考えると、これもそのまま良いことだとは言えません。

■ 資料／日本に持ち込まれるリンのうち、リン鉱石や肥料、農産物や海産物等の食料・飼料として輸入・水揚げされるリンは、農耕・家畜・食料を経由し、生活排水系等に排出される。下水道を経由するリンは約5.5万 t-P/ 年で、公共用水域への流出が1.3万 t-P/ 年、汚泥へ移行し、埋立等の処理処分が3.6万 t-P/ 年、下水汚泥肥料が0.6万 t-P/ 年である。（出典：国土交通省「鉱物資源マテリアルフロー2007」及び下水道統計平成18年度版（(社)日本下水道協会）

❓ 考えてみよう

❹ 世界の人口増加や生活水準の向上と食料問題をどのように解決したらよいですか。

❺ 2007 年から 2008 年に起こった、肥料原料価格の上昇から、日本は今後どう対処したら良いと思いますか。以下の二つの方向性を参考に議論してみよう。
1. 輸入肥料原料の安定確保の方策
2. 技術開発をして、循環型社会を目指す

参加型学習の活用ポイント

「ワールドカフェ」を活用 (本書19ページを参照)

テーマ例： 問題点・原因を探り、具体的な解決方法を考える
トピック例：「食料問題を解決するには」
方　　法： ①各グループに大きめの紙を配布し、以下について話し合い、記述してもらいます。
- 「日本の食料自給率が39%だが、なぜそれが問題とされているのか？」
- 「食料自給率を高めるために、地域でできることは何か？」（ヒント：地産地消）
- 「食料自給率問題解決のためのアイディアを自由に出し合う」

②10分後、各グループ1人を残し、全員を別のグループに移動してもらいます。
残った一人が、それまでの話し合いの内容を簡単に共有し、再度同じことを繰り返してもらいます。

③各グループに残る人を換えて、また全員に移動してもらいます。
以上を時間内に繰り返してもらいますが、この手法の目的は意見や考えをまとめることではありません。あくまでも他者の意見に触れながら、各自が自分の考えを膨らませることが目的です。この際、一人の考えよりも、その他大勢の考えを共有することの意義を伝えます。これは、授業に限らず日常生活にも反映させたい姿勢です。

指導のポイント

- 食料自給率については、カロリーベース、生産額ベース等、複数の考え方があることに留意する。
- 日本は、肉・野菜等の食料を輸入しているだけでなく、野菜等を育てる肥料も輸入しているという、これまであまり考えることがなかった事象への気づきを与える。
- 貿易には相手国との共生関係が重要であり、資源のない日本はどのように共生関係を築いていけばよいかを考えさせる。
- 持続可能な社会を目指すために、「リン資源のリサイクル」について調べさせ、より効果的な取り組みを探究させる。その際、生徒には「自分には何ができるか」等、自己との関わりという視点を必ず持たせたい。

参考文献：農林水産省　食料自給率の部屋　http://www.maff.go.jp/j/zyukyu/index.html

（斉藤宏）

7 世界の海洋環境

― サンゴのモニタリングから考える ―

Ⅰ. サンゴと海洋環境と人間の関係

現生種のサンゴは2億4千万年以上も前から海洋の中で生物多様性を維持してきました。海底のわずか0.2%を覆うにすぎないサンゴ礁が、すべての海洋生物の25%の生存を支えていると推定されています。サンゴ礁の経済価値は、国連環境計画（UNEP）によると、年間約300億ドルと試算されています。主な価値の理由を考えてみましょう。

上部が白化したサンゴ

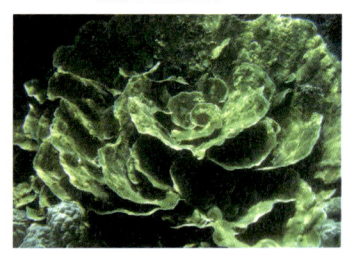

美しいサンゴ

■ **サンゴが白化するメカニズム**

サンゴの白化は、サンゴと共生している褐虫藻と関係します。サンゴは、動物なので、触手でプランクトンをとらえて食べるのですがそれでは足りず、褐虫藻が光合成を行い、作った光合成産物に依存した生活を送っているのです。

サンゴは褐虫藻からエネルギー源の70%を得ています。ところが海水温が上がりすぎると、褐虫藻の光合成回路に支障をきたし、褐虫藻が活性酸素を発生させるため、サンゴは褐虫藻を体から放出すると考えられています。その結果サンゴの白い骨格が見えるようになり、これを白化現象と言います。

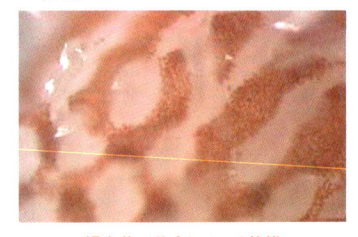

褐虫藻が共生している状態

褐虫藻がいない状態。白く見える

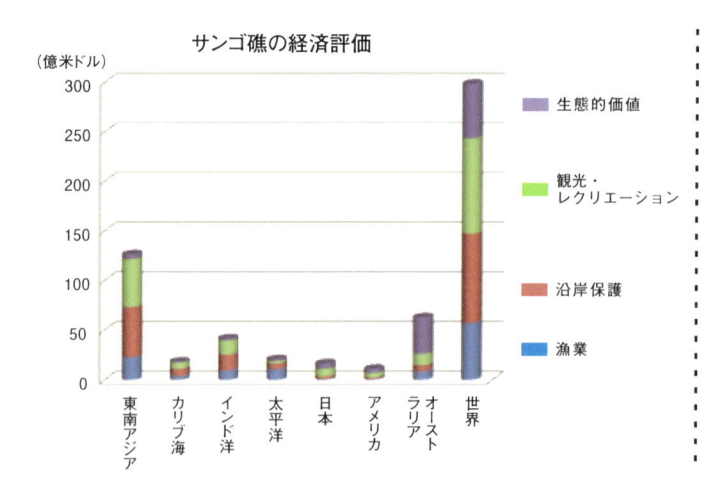

① サンゴ礁を中心とする生物多様性が、人間に役立つ薬品等を生み出す資源的価値
② 美しい海の環境を彩り、ダイビングやシュノーケリング等に関連する観光資源的価値
③ 外洋の波から沿岸域を守る緩衝帯としての価値
④ 住処や産卵場所、余剰養分を提供し、様々な生き物を守り育てる生態環境としての漁業的価値
⑤ 石灰岩を生み出す資材的価値（セメントは、いまやビルや建物にはなくてはならない素材ですが、これは地質時代のサンゴや石灰藻が大気中の二酸化炭素を吸収して固定した石灰岩で作られています）

●

もし、海からサンゴが死滅したら、激しい波は陸地を浸食し、食料となる魚は獲れなくなり、海中の CO_2 濃度が増え、海は酸性化します。大気温度は上昇し、地球には人間はおろか、生物がすめない環境になるかもしれません。

1997年から1998年にかけて突然、サンゴ礁に世界的な白化現象が起こりました。この後も、小規模ですが毎年のように白化現象が各地で観測されるようになっています。これは海水温の上昇が原因でエルニーニョ現象や地球温暖化との関連も考えられています。

サンゴは地質時代に二酸化炭素を固定し、サンゴ礁が成長するこ

世界の年平均気温偏差

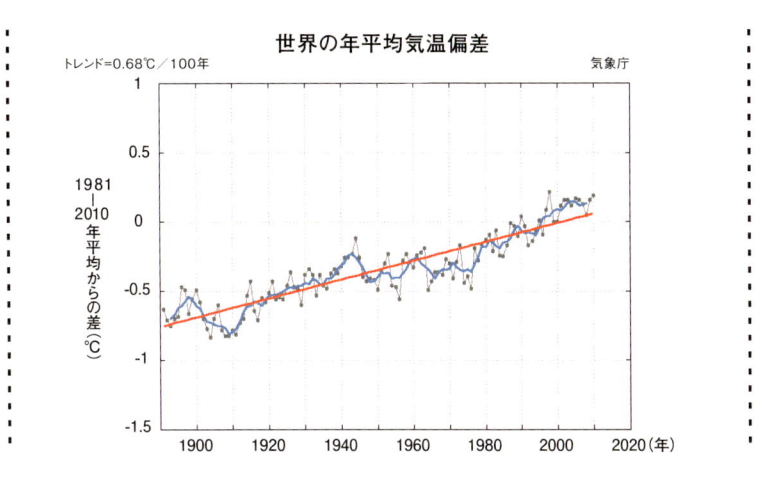

とで海面上昇に対しても島を守る役目を果たしてきました。しかし、気候変動が世界各地で顕在化する中で、サンゴ礁自身の危機ばかりでなく、サンゴ礁が作り上げ守ってきた島までもが水没の危機に直面しているのです。ところが、多数のサンゴが生息している熱帯、亜熱帯地域は、開発途上国や小島嶼開発途上国が多数位置しています。途上国においては開発が優先されるために、自力での環境保全は難しいのが現実です。

●

サンゴの生活温度範囲はおよそ25℃～30℃で、極めて環境変動に敏感な生物ということがわかります。そこで、サンゴを生物環境指標として捉え、サンゴの変化をモニタリングすることにより、環境の変動をいち早く知り対策を立てることができるのです。

Ⅱ. 教室でできるモニタリング体験

米国海洋大気庁（NOAA：National Oceanic and Atmospheric Administration）の衛星が極周回気象衛星で雲の分布や海面温度SST（Sea Surface Temperature）を測定しています。ここではそのサイト（http://coralreefwatch.noaa.gov/satellite/index.html）を利用して、世界のサンゴ礁のストレス状態をモニタリングしてみましょう。

作業❶／過去1年間のHotSpotの表示を月ごとにチェックしよう。

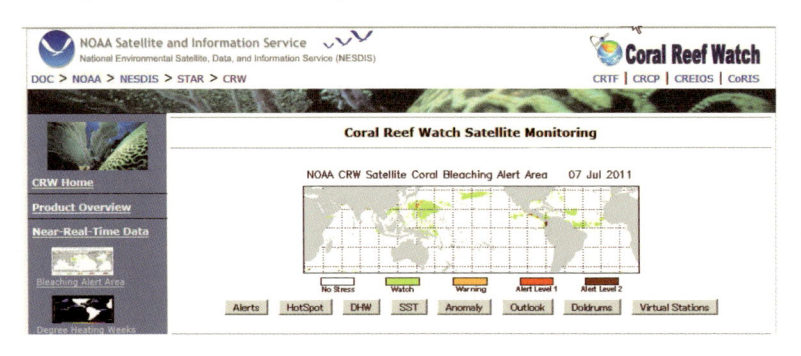

■ モニタリングの意義
　調査対象の状態を日常的に測定し、通常値を知ることです。通常値と比較することでサンゴの変化を判断できます。

■ NOAAのCoral Reef Watch Satellite Monitoring（CRW）のページは英語ですが、サンゴに関係する海洋環境の画像を簡単に見ることができる上、アーカイブデータも満載です。
　このページでは、全世界のサンゴ生息海域のデータを日々更新しています。画像の下のボタンをクリックすることで、alerts（危険な状態の場所）、HotSpot（海面温度が月平均より高い温度を示していて、サンゴがストレスを受けているエリア）、DHW（過去12週間の高温の週の数）、SST（海面温度）等を表示することができます。

77

❓ 考えてみよう

❶ HotSpotの移動の理由とどこの海域のサンゴが危機なのかグループで考えてみよう。特に沖縄を中心とする日本のサンゴ礁にはいつ頃HotSpotが近づいてくるのか確認しよう。

❷ "作業❶"での画像と1998年のHot Spotsの画像を比較し、その違いについて話してみよう。

❸ 日本の近海におけるサンゴのストレス状態を調べてみよう。(日本のサンゴは沖縄だけでなく、九州や四国、小笠原にもあります。)

❹ サンゴが人間にとって役立っていることをひとつずつ付箋に書いてグループでまとめよう。

❺ 地球環境の変動とサンゴの衰退に人間はどう対処ししたらよいのか、付箋に書いてグループでまとめよう。

❗ 発表しよう!

ポスター用紙にまとめ、グループの発表者が全員の前で発表しよう。

この中で、HotSpotをクリックし、続けてその世界地図画面をクリックします。スクロールしていくと下にImage Archives（画像書庫）が出てきますので、これをクリックしてください。各月における地域（E.Hemi,Global,Pacific,W.Hemi）の過去画像を表示することができます。

ここで、まず全世界のサンゴの置かれている状態を見るために、Globalの画像を1月から月一枚ずつ1年分を表示させるか、印刷してみましょう。

作業❷／1997年から1998年に世界的なサンゴ白化が起こった時の画像を見よう。

次に1998年の世界的なサンゴ白化現象が起きた時の状態を見るために、同時期のImage Archivesを表示または印刷してみましょう。

先ほどのImage Archivesの中の一番下部に1997年から2010年までの各年の書庫があります。ここから<u>1998 HotSpotsをクリックしてください</u>。カレンダーのような選択画面となり各月の日付ごとの画像が選べます。E.Hemi（東半球）W.Hemi（西半球）の画像が表示されますので、<u>日本を含んだE.Hemiを選んでください</u>。

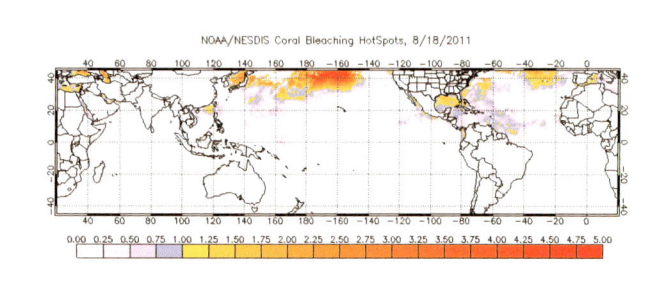

作業❸／グーグルマップを使ってさらに詳細な地域を調べてみよう。

NOAAのページでは、グーグルマップへの表示ができます。最初のCoral Reef Watchのページに戻り、Map下の一番右側にあるVitual Stationsボタンを押して出てくるgoogleの小さい世界地図画像をクリックすると Virtual Stations in Google Maps が表示されます。この画像の下にあるSSTボタンをクリックすると、海水温度の高低が色わけされています。Alertsボタンをクリックすると、アラート

レベルが地域ごとに色わけで表示されます。アラートレベルはサンゴの白化に対する警告と、すでにサンゴが白化してしまっているエリアで分けられています。アラートレベルはその場所の平均水温を上回る水温の観測された週の数で決められます。4週までがサンゴ白化の可能性、4週から8周までがほとんど白化、8週を超えると死滅と決められています。

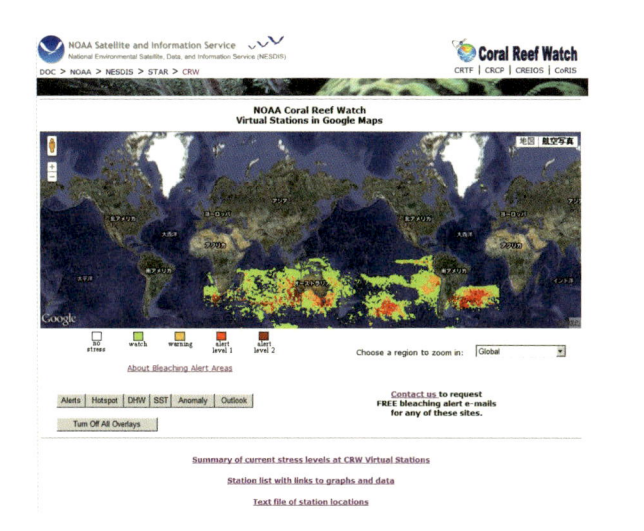

上の図の下段にリンク先が3つ並んでいます。この2行目 Station list with links to graphs and data をクリックすると、1ヵ月ごとの数値とグラフデータを選ぶことができます。このグラフからは、その海域の表面温度がわかると同時に、サンゴの被るストレス状態をアラートレベルで確認することができます。またテキストデータをダウンロードできますので、さらに自分なりの解析を行うこともできるでしょう。

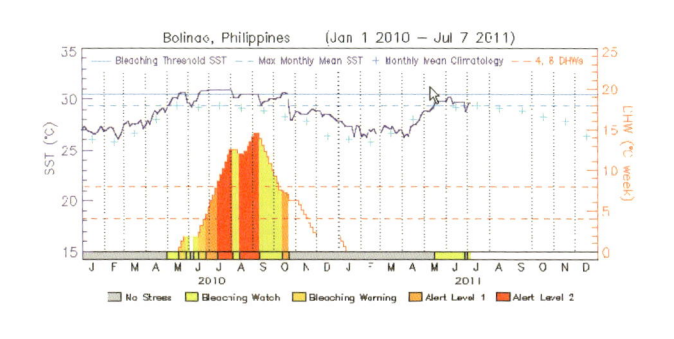

発展問題

グーグルアースとの連動で世界の環境を自由自在にチェックしてみよう。

●

グーグルアースと連動させることにより、マウスとドラッグで、ジャンプやルートや、自分の目印などを加えるなどグーグルアースの機能をふんだんに使って、さらに便利に世界の環境を調べることが可能です。

グーグルアースがすでにインストールされている場合、次のページ（http://coralreefwatch.noaa.gov/satellite/ge/index.html）を開き package for google earth version 7.0.0（kmz file; compressed: 1KB）をダウンロードしてください。

これにより、図のようにグーグルアースを立ち上げると世界の海洋環境がオーバーレイされて見えるようになり、リアリティのある体験ができるようになります。

79

参加型学習の活用ポイント

「ディベート」を活用 (本書20ページを参照)

テーマ例：「自然環境優先」or「人間の便利な生活優先」？
トピック例：「サンゴ礁を破壊しても、観光客を集めるために巨大ホテルを建てる」
方　　法：①事前に、以下の点を生徒に考えさせておきます。
- 本文を参考に、「サンゴの価値」についての自分の意見
- サンゴがなくなったらどうなるのか
- インターネット等を使い、サンゴと人間の関わりをまとめる

②以下を生徒に投げかけます。
- 地球環境の変動を知るためには、指標を決めてモニタリングを少しでも早く始めることが必要である。
- サンゴのある地域には開発途上国が多く、サンゴの保全に資金を投入できない現実がある。この問題解決には先進国からの技術や資金の援助が必要である。
- 無駄なエネルギーの消費が温暖化ガスを増やす。
- サンゴのストレスには泥や、ゴミなどによる海洋汚染も問題となる。

③各グループ内で、トピックに対して「賛成派」と「反対派」に分けます。
④「ディベート」のルールに則り、各グループでディベートを進めます。

指導のポイント

- モニタリングの際、グーグルアースをプロジェクターで映し出すと、地域や各年のデータを生徒と一緒に確認できるため、より効果的である。
- ホットスポットが見つかった時、どうしてその場所がホットスポットとなったのかを生徒自身に考えさせ、さらに議論ができると「調べる」から「考える」に発展させることができる。
- サンゴのストレスについては、温度との関係を取り上げたが、その他に、陸から流れ出す泥やゴミ等による海洋汚染も関係していることに留意する。

【推薦図書】
「サンゴ　ふしぎな海の動物」　森啓著　築地書館
「サンゴ礁」　高橋達郎著　古今書院

参考文献：NOAA（米国海洋大気庁）http://coralreefwatch.noaa.gov/satellite/index.html

（斉藤宏）

8
世界との共生
― がんばろう日本　世界は日本と共にある ―

Ⅰ. 国際社会からの援助

　平成23年3月11日の東日本大震災とその後の原発事故を契機に、世界との共生を考えてみましょう。

　日本の人たちが、考えもしなかったマグニチュード9.0の巨大地震とその後を襲った大津波、そして、福島原子力発電所の水素爆発。次々と襲ってくる危機に直面し、経済力と技術力をベースに安心な社会であると信じてきた日本人としての自信が萎えていくのを感じました。

　しかし、国際社会は日本を見捨てませんでした。危険な現場に世界各地から日本に救援チームを送ってくれたのです。

宮城県女川町で地上に書かれたメッセージ「THANK YOU USA」

現地の卒業式に参加してくれたアメリカチーム

いち早く駆けつけた韓国チーム

諸外国・地域・国際機関からの救援チーム・専門家チームなどの活動一覧		
	韓国 (3/14〜3/23)	救助隊員107名、救助犬2匹
	シンガポール (3/13〜3/15)	救助隊員5名、救助犬5匹
	ドイツ (3/14〜3/15)	救助隊41名、救助犬3匹
	スイス (3/14〜3/16)	救助隊員27名、救助犬9匹
	米国 (3/15〜3/19)	救助隊員144名（救助犬12匹を含む）原子力規制委員会専門家11名、エネルギー省34名、米軍2万人規模の「トモダチ作戦」展開
	中国 (3/14〜3/20)	救助隊員15名
	英国 (3/15〜3/17)	救助隊員77名（プレス8名含む）、救助犬2匹
	メキシコ (3/15〜3/17)	救助隊員12名、救助犬6匹
	オーストラリア (3/16〜3/19)	救助隊員75名、救助犬2匹
	ニュージーランド (3/16〜3/18)	救助隊員52名
	フランス (3/16〜3/23)	レスキュー関係者134名（モナコ人11名含む）
	台湾 (3/16〜3/18)	救助隊員28名
	ロシア (3/16〜3/18)	第1陣75名、第2陣80名
	モンゴル (3/17〜3/19)	救助隊員12名
	トルコ (3/20〜4/8)	救助隊員32名
	インドネシア (3/19〜3/23)	救助隊員11名、事務員、メディカル4名
	南アフリカ (3/19〜3/25)	救助隊員45名
	イスラエル (3/29〜4/10)	医療支援チーム53名
	インド (3/29〜4/6)	支援隊46名
	ヨルダン (4/25〜5/12)	医療チーム 4名
	タイ (5/8〜6/3)	医療チーム2名×2チーム
	スリランカ (5/12〜6/1)	復旧支援チーム（災害管理省職員）15名
	フィリピン (6/28〜7/11)	医療支援チーム3名
	イタリア (3/16〜3/21)	調査ミッション6名（捜索救助、原子力安全等専門家）
	その他国際機関	UNDAC、UNOCHA、WFP、IAEA、FAO

外務省東日本大震災ページ http://www.mofa.go.jp/mofaj/saigai/index.html より

142の国と地域、および39の国際機関等から震災支援の申し入れがありました（同年7月20日現在）。現在国連に加盟している国の数が193ヶ国であることを考えると、その数に驚かされます。各国から送られた寄付金の総額は175億円以上で、その他多数の物資を支援してくれました。救援チームを送ってくれた主な国は左ページの表の通りです。

●

　米国は緊急援助隊144名の他、救助犬12匹、原子力専門家、米軍2万人規模の「トモダチ作戦」を展開し、空母ロナルド・レーガンの派遣、人道支援物質の輸送や捜索、救助活動を行いました。真水のバージ船輸送や、仙台空港の使用再開のために、パラシュートで空挺部隊を降下させて自衛隊と協力し、C130輸送機が着陸できるようにしました。

　韓国は救助隊107名、救助犬2匹を仙台に派遣、宿営地撤収の際に、ゴミひとつないように徹底的に掃除をして撤収していきました。

　インドは海外初の救助活動でしたが、46名を派遣し、先端にテレビカメラのついたアーム機材やカッターを装備し、宮城県女川町において、手作業で危険かつ難しい作業を続けました。被災者たちから感謝の言葉がつづられたノートをもらい、やりがいを感じたと話しました。

　イスラエルは医療団53名を派遣し、南三陸町に仮設診療所を開設しました。計数10トンの医療機器や医薬品を持参し、撤収の時には現地に供与してくれました。

　ニュージーランド援助隊は52名、ニュージーランド地震時の日本の救援活動に対するお返しでもありました。

　ロシアからは天然ガス15万トンの提供の他、救援隊155名が仙台周辺にベースキャンプを張り、災害救助車両の他、探索装置や発電機なども持ち込んで活動してくれました。

　台湾からは救援隊28名派遣の他、被災した学生や家族を台湾で受け入れるホームスティ先100軒の提示もしてくれました。

　外国から支援されているという連帯感を感じ、救助隊の活動は、被災者のみならず日本人の心に残るものでした。

インド初めての救援隊の海外派遣

ロシア救援チーム

親日のトルコ救援隊

■ 開発途上国からの救援

　日本に救援に来てくれた主な国を見ると、いわゆる日本がODAで援助してきた開発途上国からの参加も多く認められます。それだけでなく、開発途上国の中でも特に開発が遅れ、後開発途上国といわれる、一人あたりの国民総所得（GNI）が750米ドル以下の48ヶ国のうち、ブータンやスーダン、タンザニア等17ヶ国からも次々と義援金が届きました。コンゴ民主共和国では、追悼の意を込めたマラソン大会が実施されました。ジブチでは日本の援助で整備された主要道路の

GNI（Gross National Income）：GDPに海外からの所得の差引を加えたもの。

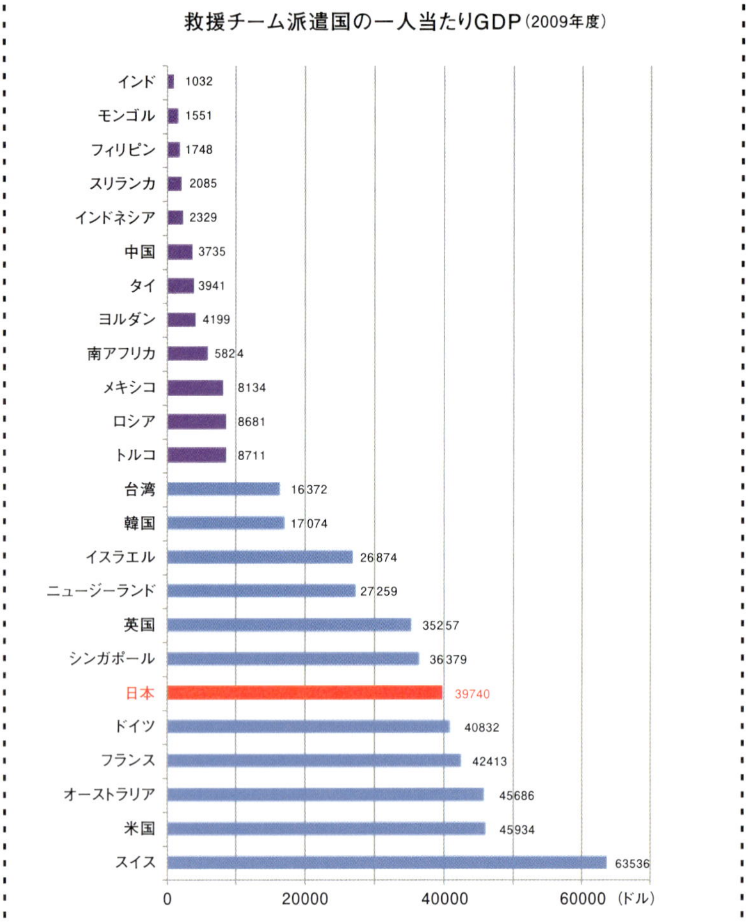

救援チーム派遣国の一人当たりGDP (2009年度)

国	一人当たりGDP (ドル)
インド	1032
モンゴル	1551
フィリピン	1748
スリランカ	2085
インドネシア	2329
中国	3735
タイ	3941
ヨルダン	4199
南アフリカ	5824
メキシコ	8134
ロシア	8681
トルコ	8711
台湾	16372
韓国	17074
イスラエル	26874
ニュージーランド	27259
英国	35257
シンガポール	36379
日本	39740
ドイツ	40832
フランス	42413
オーストラリア	45686
米国	45934
スイス	63536

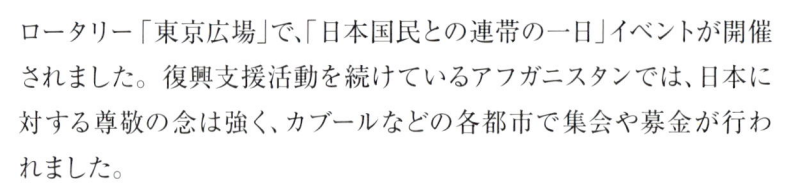

南アフリカ救援隊

？ 考えてみよう

❶ 各国の支援に対して感じたことをグループでまとめてみよう。

❷ それぞれの国が救援に来てくれたのはどうしてだと思うか、「共生」をキーワードとしてグループで意見をまとめてみよう。

ロータリー「東京広場」で、「日本国民との連帯の一日」イベントが開催されました。復興支援活動を続けているアフガニスタンでは、日本に対する尊敬の念は強く、カブールなどの各都市で集会や募金が行われました。

メキシコからは救助隊員12名、救助犬6匹で構成される「ロス・トポス」が派遣されました。ロス・トポスは救助や放射線の専門家からなる救援隊で、世界の被災地で救援活動を行っており、特に厳しい環境対応力に定評があります。

南アフリカからはアフリカ大陸からの救助隊としては初めてとなる45名を派遣。ヨルダン医療支援チームは福島市内の避難所でエコノミー症候群を検査する循環器系の専門医と超音波技師4名から構成され、福島医科大学が受け入れました。

15名からなるスリランカ復旧支援チームは、石巻市でのがれき除去支援活動と、紅茶ティーバッグ300万個の提供をしてくれました。スリランカにとって日本が最大の援助国であることや、スマトラ地震の時に真っ先に駆けつけた国であったことへの感謝から、スリランカ大使は、15,000人の在日スリランカ人に対し、「日本人と一緒になって働いてください」と呼びかけてくれました。

Ⅱ. 世界からの励ましのメッセージ

　各国からの震災支援は、救援隊の派遣だけにとどまりません。世界各地の人から日本への励ましのメッセージがたくさん届きました。
　その中のほんの一部ですがご紹介します。

カタール	パキスタン
ウクライナ	イラン
 セネガル	台湾
 ニカラグア	 フィリピン
タイ	 ジャマイカ

? 考えてみよう

左の写真をみて、次の問いをグループで考えよう。

❸元気づけられたことやうれしかったことをあげてみよう。

❹日本と違うことや気づいたことを挙げてみよう。
◎絵のなかに描かれた日本のイメージの違い。
◎日本のアニメ文化の世界への広がりについて
◎宗教の違いによる特徴について

❺今後、日本人として世界に対してどのように関わるべきか意見を出し合おう。

85

参加型学習の活用ポイント

「FG（ファシリテーション・グラフィック）を活用（本書23ページを参照）

テーマ例：援助と被援助
トピック例：「支援国日本」と「被支援国日本」
方　　法：①模造紙などの大きな紙を各グループに配り、その左右にそれぞれ「支援国日本」と「被支援国日本」とタイトルを書かせます。これから話し合う内容が、この2つの視点から日本と世界の関係を考えることであることを理解させます。
②「技術」や「支援金」など、外国が日本に頼っている要素を思いつく限り具体的に付箋に書いてもらいます。（その際、要素の下に国名も記入させると良い。）
③「資源」や「食料」など、日本が外国に頼っている要素を思いつく限り具体的に付箋に書いてもらいます。（その際、要素の下に国名も記入させると良い。）
④各自が書き込んだ付箋の内容を共有し、重複している意見を1枚にさせます。
⑤付箋の内容を確認させながら、「支援」と「被支援」のタイトルの下に要素を書き込んでもらいます。
⑥日本が支援している国と要素、日本が支援されている国と要素を見比べながら感じたことを話し合わせ、発表できるようにまとめさせます。
⑦各グループに、書き込んだ内容と気づいたことを発表してもらいます。

指導のポイント

- これまで日本は、ODAを国際貢献のひとつの柱に、国際社会の一員としての責任を果たしてきた世界1位、2位を争う援助国であった。しかし、2011年はスーダンを抜いて世界1位の被援助国になる見通しである。自信を失った日本に対して、「今まで助けてくれたことを決して忘れない」と、世界が日本に手を差し伸べてくれたことに留意する。
- 日本はものづくりを基本として豊かに発展してきたが、資源も食料もほとんど輸入に頼っている。その現実の中で、「世界の共生」という観点からグローバル社会の助け合いを考えさせる。
- 世界から送られた励ましのメッセージから、文化の違いを知り、異なる文化を持つ人たちも、皆共生していることに気づかせる。　外務省のHP（http://www.flickr.com/photos/mofaj_tohoku/collections/）を参照して、更に多くの写真を見せるのも良い。

（斉藤宏）

参考文献
外務省東日本大震災ページ　http://www.mofa.go.jp/mofaj/saigai/index.html
米軍によるトモダチ作戦　http://www.mofa.go.jp/mofaj/saigai/pdfs/operation_tomodachi.pdf
外務省flickerによる世界各地での支援の様子（世界中からの支援画像）http://www.flickr.com/photos/mofaj_tohoku/collections/

9
支援者と被支援者の生活
― 日本のコンビニ　被支援者の子どもたち ―

■ 一般財団法人 民際センター

　経済的に貧しいラオス・カンボジア・タイの子どもたちの教育を支援しているNGOで、主な事業はダルニー奨学金の提供です。一人1万円の支援で子どもが1年間学校に通えます。支援の方法は現金だけではなく、例えば、1万円に相当する書き損じハガキ280枚を集めて支援する学校も少なくありません。奨学金の特徴は、子どもの写真が現地から送られてくる「顔の見える1対1の支援」です。

※ 外国から3,000万トン輸入して1,900万トン捨てていることになる。

※ 14,000人をジェット機で例えると500人乗りのジャンボジェット機28機分に相当する。つまり、5歳以下の子どもで満員のジャンボジェット機が毎日28機墜落していることと同じ。

❓ **考えてみよう**

❶ 右の下線部に数字を書き込んで、その一文をよく読んでみてください。その上であなたが考えたことをまとめてみよう。

Ⅰ. 世界の食糧事情と日本

　ここでは「コンビニエンスストア（以下：コンビニ）」を題材に、皆さんの身近なものが世界とつながっていることを知り、自分が世界の大きな流れの中にいることについて考えてみましょう。

　現代日本の都会生活には欠かせないコンビニ。皆さんの中に、コンビニで食べ物や飲み物を買ったことがない人はいますか？ここからは、以下のデータを基に、食料の流れの偏り・不公平について考え、世界の貧困と自分とのかかわりに目を向けてみましょう。

●

【Data.1】 コンビニからは1日10〜15kgのゴミが出ると言われ、主要コンビニ10社が出している食料廃棄物は年間17万トン。（朝日新聞2009年6月23日朝刊より）

【Data.2】 農水省の統計（2009年度）によると、家庭もレストランも食品加工の工場もすべてを含めて日本全体で年間約1,900万トンの食料を廃棄し、そのうちリサイクルされた食料は約500万トン。（農水省2009年度統計より）

【Data.3】 日本の食品輸入量は年間約3,000万トン。（厚生労働省の輸入食品監視統計2009年度より）

【Data.4】 栄養不足は世界全体で8億人、そのうち子どもの数は3億人。栄養不足を原因とする病気で死亡する5歳以下の子どもの数は1日14,000人。（世界食糧計画（WFP）のホームページより）

【Data.5】 こうした状況に対し、国連やNGOなどが食糧援助を行っているが、その数量は世界全体で約300万トン。

> 【問】「日本は外国から毎年 ＿＿＿＿ トンの食糧を買い、＿＿＿＿ トン捨てている。その一方で、世界では毎年 ＿＿＿＿ 人もの人が死んでいるのに、食糧援助の量は約 ＿＿＿＿ トンに過ぎない」

Ⅱ. 被支援者たちの生活

　栄養不足の子どもは世界に3億人いると言われています。一口に3億人と言われても数字が大きすぎて実感がわきませんね。それでは、

実際にダルニー奨学金を受けているラオスとタイの子どもたちの日常生活を紹介します。

トム（ラオス／小学3年生）

　ダルニー奨学生であるトムの両親は農家ですが、自分たちの土地は所有しておらず、雇われて田畑で働いています。農業以外では、森から採ってきた木で木炭を作り、家の前に並べて販売して収入を得ています。トムの家族全体の収入は年間6,000円です。1日に換算すると18.5円となります。家に食べるものが無くなると家族で森に入って野菜を採ったり、カエルや魚を捕まえるなどして市場でお米に換えています。兄弟が多いトムの家族はいつも食べるものが不足していますが、いよいよ食べるものが無くなると、近所からお米を借り、収穫時の賃金で返済するといった生活をしています。

サマイ（タイ／中学1年生）

　ダルニー奨学金を受けて中学校に通っているサマイは、週末サトウキビ畑で働き、家計を助けています。彼女は朝5時に起きて畑に出かけ、夕方5時まで働きます。サトウキビを刈り取り、枯葉を取り除いて茎だけにして、それを10本1束にして運びます。この作業を1日40〜50回繰り返します。サマイは10歳の頃からこの仕事をしていますが、稼ぎは1日100バーツ（約270円）ほどです。平日は学校に行く前と後に家事（掃除、洗濯、炊事、皿洗いなど）をしています。

●

　ここで、私たちと砂糖の関連について考えてみましょう。

　日本では店でコーヒーを飲む場合、砂糖はカウンターやテーブルの上に置いてあり、無料で自由に取ることができます。無料ということは、外国から買う値段がとても安いということです。つまり、それを生産・収穫している労働者の賃金がとても安いということでもあるのです。サマイさんの例のように、炎天下であろうと雨であろうと早朝から夕方までサトウキビを刈り取って、それを40〜50回運ぶ重労働が1日270円に過ぎないのです。一方で、日本ではコーヒーを飲み終えると、例えばスティック状の袋に入っている砂糖はゴミ箱に捨てられ、食品廃棄物となるのが現状です。

? 考えてみよう

❷左の写真はトムの学校での様子です。日本の学校との違いや、児童たちの生活の違いなど、写真と文章から感じたことをグループで話し合い、まとめてみよう。

■ **食卓や台所で使う砂糖**

　日本国内での生産は消費量の1割程度で、約9割を輸入している（2006年度の統計）。1番の輸入国はオーストラリアで2番目がタイ。タイだけで日本の総輸入量の4割を占める。

? 考えてみよう

❸私たちが日常的に使っているものを作っているサマイさんのような子どもの日常生活を知った上で、私たちが日本にいながらできる支援について考えてみよう。

参加型学習の活用ポイント

「フォトランゲージ」を活用 (本書14ページを参照)

テーマ例：海外の小学校

トピック例：「学びの環境を考える」

方　　法：ラオスの小学校の写真《本書89頁および CD-R に収録》を使用。

① 文章を読ませる前に写真を見せます。

②「これはどこの国でしょう」「日本の小学校との違いを挙げてください」などの質問をします。

③ 一通りの意見が出た後で、この写真がラオスの学校であることや児童（トム）の日常生活に関する説明をします。（本書89頁参照）

④ 世界の生活環境の一例を紹介することで、例えば「生活環境の格差是正のために私たちができること」などと授業を展開していきます。ここでは、その一例として「奨学金」という制度を紹介することも良いでしょう。

指導のポイント

- 本章のねらいは、自分たちの生活を改めて見つめさせ、世界の子どもたちに対して自分たちができることを考えさせることである。取り組みの例として、一般財団法人 民際センターの「ダルニー奨学金」を紹介することで、生徒たちの「支援」に対する主体性を喚起したい。

- 88頁では、「コンビニ」を題材に世界とのつながりを実感させ、自分が世界の大きな流れの中にいることを理解させたい。その中で「グローバル市民」としての在り方・生き方を見直し、様々な気づきから行動につなげたい。

- タイの例からは、世界の食糧（砂糖）の流れと日本・自分の生活の関連を理解させ、「支援」によって外国の子どもたちが学校に通うことができるという現状を伝える。このことから、「支援」の意味を理解させる。

- 「支援」を扱う際は、「かわいそうな国のためにしてあげる」という視点ではなく、「グローバル市民」としての在り方・生き方という視点から、共生・相互関係を考えさせることが重要である。

（冨田直樹）

10
世界の教育の現状と私たちにできること
－ 世界一大きな授業 －

※この章の指導案/資料は付録CD-Rに収録されています。

■世界一大きな授業
http://jnne.org/gce2012/

■ GCE
Global Campaign for Education

■ JNNE：Japan NGO Network for Education

学校での授業の様子

国会議員向け授業の様子

パレスチナの様子

ウクライナの様子

■ 世界一大きな授業とは？

　世界180ヶ国のNGOや教職員が運営するネットワーク「教育のためのグローバル・キャンペーン」（GCE）では、2003年より毎年4月に「世界一大きな授業」を実施しています。「世界一大きな授業」とは、世界中で、同じ時期に、同じテーマで開発途上国の教育が置かれた現状について理解を深める授業を行い、誰もが学校に行けるようアピールする取り組みです。日本では、開発途上国で教育支援を行なうNGOからなるネットワーク「教育協力NGOネットワーク」（JNNE）が日本でのキャンペーンを実施しています。

■ 日本でのキャンペーン

　2011年には小・中学校、高校、大学、市民によるグループ270校から約35,000人が参加。「女の子と女性の教育」をテーマにしたポスター教材や映像教材を通して、開発途上国の女の子や女性の置かれた教育の現状を知り、一人ひとりに何ができるかを考える授業が実施されました。

学校に配布されたポスター教材の一部

■ 国会議員向け「世界一大きな授業」

　教育協力NGOネットワークが国会議員に呼びかけ、2011年4月26日、各党議員31人が「生徒」に、中高生が「先生」になって衆議院議員会館で授業を行いました。今年のテーマである「女の子と女性の教育」の中で、各議員は役割カードを持って中学校に行けない少女の体験をし、世界の教育の現状を学びました。授業の様子は以下のサイトからご覧いただけます。http://www.ustream.tv/recorded/14287429

■ 世界でのキャンペーン

　2011年のキャンペーンには世界100ヶ国以上の国と地域から約800万人が参加しました。
● パレスチナ／町の中心から教育省まで行進しながら、女の子や女性の教育の大切さを訴えるイベントが開催されました。
● ウクライナ／全国の学校で、途上国の女の子がおかれている状況についての映像や資料をもとに、女の子や女性の教育の大切さについて理解を深めました。

■ 世界が、日本が約束したこと
「みんなが教育を受けられる世界にしよう」

国際社会は、世界中の人々が教育を受けられることを約束した「万人のための教育（EFA：Education for All）」を定めています。これは、各国政府、国際機関、市民やNGOが協力しながら、2015年までに世界中の全ての人たちが教育を受けることのできる環境を整備しようとする取り組みです。

■ これまでの成果

「世界一大きな授業」には、世界中から毎年数百万人もの人々が参加し、ギネス記録にも登録されています。

このキャンペーンは、各国政府の政策にも影響を及ぼしています。先進国では援助額増加の動きがみられ、途上国では、14ヶ国において学費の無料化、女子教育の重視、中途退学した若者・成人向けの教育機会の提供などが政策に反映されています。その結果、1999年に比べて3300万人以上の子どもが学校に通えるようになりました。

■ まだ残る課題

一方、「教育のためのグローバル・キャンペーン」（GCE）は、各国の教育援助の評価を成績表で発表しています。2010年の日本の評価は100点中28点で、「E」評価でした。これは、評価対象となった先進国22ヶ国中、19番目の成績です。

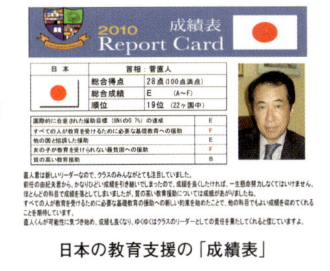

日本の教育支援の「成績表」

■ みんなが動けば世界は変わる！

このキャンペーンでは、開発途上国の子ども自身が、自らの状況を変えるために主体的に声をあげ、国の教育政策を変える力になっています。また日本では、開発途上国の現状を学んだ参加者が日本政府のさらなる教育支援を願うメッセージ・カードを集め、首相に提出しました。世界中の子どもたちが教育を受けられるようにするためには多くの人が「声」をあげ、よりよい政策に反映させることが大切です。一人ひとりができることを考え、行動を起こしてみましょう。

上／参加者から寄せられたメッセージカード　下／教育の重要性を訴えるヨルダンの女の子たち

万人のための教育　6つの目標

- ■目標1：就学前保育・教育の拡大と改善
- ■目標2：2015年までに無償で質の高い教育をすべての子どもに保障
- ■目標3：青年・成人の学習ニーズの充足
- ■目標4：2015年までに成人識字率を50％改善
- ■目標5：2005年までに初等・中等教育における男女格差を解消し、2015年までに教育における男女平等を達成
- ■目標6：読み書き、計算能力など教育のあらゆる面における質の向上

■ 2008年度のキャンペーン

世界で885万人が参加した2008年の「世界一大きな授業」はギネス記録にも登録されました。子どもや保護者、教師の他、大臣や政治家も多数参加し、市民の力をあわせた行動が政府に対する働きかけへとつながりました。

※ 日本のODAのうち、基礎教育分野の援助額の割合は0.7％で、他の先進国の平均の2.1％と比べて3分の1です。一方、世論調査（（財）国際協力推進協会、2010）によると、ODAの必要な分野として、47％の人々が教育を挙げており、もっとも関心の高い分野となっています。

（城谷尚子）

あとがき

　世界における富の8割を、日本を含む2割の富裕層が独占している現実の中で、日本の若者に意識してもらいたいことは、ミレニアム開発目標（MDGs）で報告された世界の現実である。

　国連は2008年にMDGsを発表した。2015年を達成期限としたこの目標は、「貧困飢餓の撲滅」、「普遍的な初等教育の達成」、「ジェンダーの平等と女性の地位向上」、「幼児死亡率の引き下げ」、「妊産婦の健康状態の改善」、「HIV、マラリアなど疾病の蔓延防止」、「環境の持続可能性の確保」、「開発のためのグローバル・パートナーシップの構築」等、グローバルイシューといわれる内容を包括している。

　「不景気」などと言われる日本ではあるが、MDGsで問題としている世界の標準と比べたらはるかに豊かな暮らしをしていると言えるだろう。その上、現在の教育現場で行われている教科別の「知識注入型教育」では、グローバルな問題に取り組む資質は育たないことは明白である。教科横断型の教育として総合的な学習が実践されてきたが、行事の準備や教科の補てんに充てられるなど、次第に教科別学習に回帰していく傾向にあることは否めない。

　総合的な学習が厄介ものとされる背景には、教科の枠を超えることが教員免許の専門領域を超えるという感覚に結び付いてしまうということがある。「国際理解教育」に関して述べれば、「国際的な経験もなく何をどう教えればよいのか分からない」という現場の声も多い。

　本書は、「使える教材」を目指した。グローバルな視点でのものの見方や考え方、生き方を養うために、教科の枠を超えた多様な内容を編んだつもりである。自分の存在を知り、世界と共に生きる道に気づき、実際に行動に移すことができる教育こそが、本書の目指す「グローバル教育」である。自立した地球市民を目指して、教師も生徒も一緒になって取り組んでいただきたい。

　企画はかなり前から温めていた。それが、メディア総合研究所の出版した、自身と世界との関わりを考える教材『私と世界　6つのテーマと12の視点』の教育的効果を評価することから一気に動き出した。『私と世界』の発展形として「グローバル教育」の手法を体系化するために、あらゆる教科において海外経験のない教師でも使える教材を作ることが急務だと確信し、全国国際教育協会（JAGE）が中心となりメディア総合研究所と共同で進めてきた企画である。

　編集委員は、セネガル共和国において自然保護活動指導やヨルダン・アカバ湾でのサン

ゴモニタリング指導を実践する一方、公立学校現場で20年以上国際教育・開発教育を研究実践してきた斉藤の呼びかけで結成された。全国2,500の高校を組織化し全国規模でのグローバル教育の拡大を推進し、JICAエッセイコンテストや外務省のグローバル教育コンテストを一貫して指導してきた経験上、多くの「仲間」がいる。編集員メンバーは、同じ国際教育研究協議会の古くからのメンバーであり、以前出版した『国際理解教育−地球学習』の中心的編集委員で、私立学校において公立の教育とは違ったユニークな授業を展開してきた幸田雅夫先生と、拓殖大学のNGOによる国際協力分野の先駆者として、学校や地域社会が取り組むべき学習活動の推進や、リーダー育成のためのファシリテーター養成活動を実践してきた赤石和則教授である。編集委員長を斉藤が引き受け、学校教育全般と社会市民教育すべてに使える布陣で進めてきた。

編集ではメディア総合研究所の福田訓久さんの力が大きかった。通称「三つ編先生」こと福田さんは、米国先住民ナバホ族と暮らし、米国先住民大学を卒業した経歴を持つ元教師である。異文化社会の中で、アイデンティティと向き合わざるを得なかった経験を持つだけに、この仕事の仕上げになくてはならない人であった。

挿絵は、跡見学園女子大学の学生であり、国際協力団体のインターンを経験しグローバル教育に深く関わっている関朱美さんが快く引き受けてくれた。暖かくほのぼのとしたタッチのイラストのおかげで、本書の出来栄えは素晴らしいものになった。

また、参加型学習手法紹介の部分では、一部を、元国際協力団体の職員で、赤石教授が主催するファシリテーター養成講座を卒業し、日本語教育教師でもある浅井久味さんに協力執筆していただいた。手法紹介の部分は本書活用のための重要な部分であり、協力していただき大変助かった。

そして、推薦のことばは、『グローバル時代の国際理解教育』など多数の著書がある、コミュニケーション論や地球市民教育論における重鎮ともいえる目白大学人間学部の多田孝志教授から頂戴した。20年以上国際教育でお付き合いがあったおかげで快諾していただくことができ、感謝に堪えない。

本書の活用がグローバル教育の普及拡大につながるならばこれ以上の喜びはない。今後は、さらなるグローバル教育の拡大のために本書を使ったセミナーを企画していく。まだまだ終わりではない。

編集委員長　斉藤宏

執筆者（五十音順）

■ **赤石　和則**（拓殖大学国際学部教授 国際学科長）
1948年岩手県盛岡市生まれ。早稲田大学政経学部経済学科卒業。国際協力推進協会研究員、タイ国立チュラロンコン大学社会調査研究所客員研究員等歴任。拓殖大学国際開発教育センター長を経て現職。

■ **浅井　久味**（アルファ国際学院 非常勤講師）
http://www.alpha.ac.jp/

■ **菊地　格夫**（秋田市地球温暖化防止活動推進センター 事務局次長、NGO RASICA 代表）
1974年、秋田県生まれ。秋田県立大学大学院生物資源科学研究科博士前期課程修了。2000年〜2002年にJICA 青年海外協力隊（気象学）としてコスタリカ共和国に派遣される。

■ **幸田　雅夫**（私立玉川聖学院教諭 地歴・公民科）
全国国際研の他アジア太平洋資料センター、日本国際地理学会、ボーイスカウト、日本キャンプ協会の会員として幅広い活動をしている。拓殖大学国際開発教育ファシリテーター養成コースのアドバンスト修了。

■ **斉藤　宏**（高等学校教諭 地学担当、海洋科学博士）
セネガルの国立公園で環境教育指導、ヨルダン紅海でのサンゴモニタリング指導の経験を持つ。地球環境変動で最も影響を受ける開発途上国での「サンゴの健康度モニタリング技術」を研究。

■ **城谷　尚子**（教育協力NGOネットワーク（JNNE））
2008年、プラン・ジャパン入局。2009年よりJNNEの一員として、キャンペーンの教材作成を担当。2010年からはキャンペーン事務局を担当し、教材作成のほか、運営全般に携わる。

■ **関　朱美**（跡見学園女子大学　マネジメント学部 マネジメント学科）
1990年、茨城県生まれ。小学生の時の9.11や授業で出会った「ハンガーマップ」に衝撃を受ける。それ以来、国際問題に興味を持ち、国際協力について勉強している。

■ **髙田　幸治**（高等学校教諭 物理担当）
平成7年度、青年海外協力隊でパナマ共和国へ派遣される。その後、学校現場で不登校経験等のある生徒の支援をしている。思春期の異文化体験に関心がある。現在は、所属校で教育相談を担当。

■ **冨田　直樹**（NGO民際センター職員 コミュニケーション開発局第2ファンドレイジング部長）
1961年生まれ。慶応大学卒。米国テキサス州立大学留学。雑誌の編集者を経てNGO活動に従事。「一般財団法人 民際センター」に入職してラオス・カンボジア・タイの教育支援に携わり、頻繁に上記3カ国で調査・支援・交流活動を行う。

■ **諸岡　英明**（千葉県立松戸国際高等学校教諭 国語科担当）
昭和34年東京都浅草生まれ。幼少時から落語が好きで、高校では落研に所属。日本文化に傾倒する契機になる。國學院大學文学部卒。千葉県立流山東高等学校在職時から、「日本文化」の授業を担当。

※各執筆者の所属は、2012年3月現在のものです。

「共に生きる」をデザインする　**グローバル教育**　教材とハンドブック

2012年3月29日　初版印刷

監　修	NPO法人全国国際教育協会
企　画	株式会社メディア総合研究所／NPO法人全国国際教育協会
発行者	吉野眞弘
発行所	株式会社メディア総合研究所 〒151-0051　東京都渋谷区千駄ヶ谷4-14-4 SK ビル千駄ヶ谷4F　電話番号03-5414-6210
印刷・製本	宮下印刷株式会社
デザイン	武田雅彦（T-room）

ISBN978-4-944124-54-1